Horst Bosetzky

West-Berlin

Horst Bosetzky

West-Berlin

Erinnerungen eines Inselkindes

Jaron Verlag

Abbildungen

Günter Schneider, Berlin: S. 9, 105, 128, 146, 197
Landesarchiv Berlin: S. 33, 75; S. 96, 101 (Fritz Eschen);
S. 177 (Edmund Kasperski); S. 48, 59, 62 (Horst Siegmann)

Taschenbuchausgabe
2. Auflage 2017

www.jaron-verlag.de
Umschlaggestaltung: Bauer+Möhring, Berlin, unter Verwendung eines Fotos des Landesarchivs Berlin / Karl-Heinz Schubert (Kurfürstendamm 1966)
Satz: Pinkuin Satz und Datentechnik, Berlin
Druck und Bindung: CPI books GmbH, Leck

ISBN 978-3-89773-708-2

Inhalt

Vorwort 2013

Es ist zwar nur ein Gerücht, dass sich die Gesellschaft für bedrohte Völker schon des in diesem Buch so ausführlich beschriebenen West-Berliners angenommen habe. Aber dass dieser mal recht starke mitteldeutsche Stamm langsam ausstirbt, dürfte unbestritten sein. Nur wer 1989 zur Wendezeit als Eingeborener in einem der zwölf West-Berliner Bezirke gewohnt hat und mit dem dort vorherrschenden Wertesystem sozialisiert worden ist – sagen wir, wer damals mindestens zehn Jahre alt gewesen ist, dürfte doch das richtige tribalistische Bewusstsein entwickelt haben und sich heute als echter West-Berliner fühlen. Nach dem, was ich im Freundes- und Bekanntenkreis, bei Lesungen und anderen Veranstaltungen erlebe, gibt es aber kaum noch bekennende West-Berliner, die nicht grauhaarig sind. Und vererben lässt sich das echte »ein West-Berliner Sein« leider nicht, wie ich bei meinen eigenen Kindern immer wieder schmerzlich erleben muss.

2006 ist die Originalausgabe dieses Buches erschienen, und wir West-Berliner haben seitdem das Schlachten weiterer heiliger Kühe erleben müssen. Am 30. Oktober 2008 war Schluss mit dem Flughafen Tempelhof, Tegel verlieren wir auch noch, und Schönefeld ist für einen alten West-Berliner noch immer negativ besetzt. Er erinnert sich mit Grausen an die auf dem Boden aufgemalten Umrisse eines rechten und eines linken Fußes, auf die man bei der Abflugkontrolle treten musste, um unbemerkt von oben herab geröntgt zu werden. Im Juni 2011 schloss das legendäre Broadway Filmtheater in der Tauentzienstraße. Am 3. Dezember 2011 ist mit der Sprengung der Deutschlandhalle begonnen worden. Weiteres Ungemach droht, denn mindestens eines der Boulevard-Theater am Kurfürstendamm soll verschwinden, das ICC wird nach seiner Sanierung den Status als Kongress-Zentrum verlieren, und mit der Eröffnung des Humboldt-Forums im wiederaufgebauten Stadtschloss können wir uns vom Museumsstandort Dahlem verabschieden. Und dass Hertha BSC in der Saison 2012/13 wieder mal in der vielgeschmähten Zweiten Bundesliga spielen musste, versetzte einen erheblichen Teil der West-Berliner Männer in eine gewisse präsuizidale Stimmung.

Trotz allem ist es für einen Nachruf noch zu früh, denn es gibt auch Positives aus der alten Frontstadt zu berichten. Die Freie Universität Berlin, ein echtes Kind des alten West-Berlin, ist im Oktober 2007 zum ersten Mal zur »Exzellenz-Universität« gekürt worden und hat diesen Titel im Jahre 2012 verteidigen können. Ich fühle mich mit ihr geehrt, war ich doch in den Jahren 1960 bis 1970 dort in Dahlem Student und Assistent. Und die Rütli-Schule, die ich auch einmal besucht habe, ist möglicherweise die bekannteste Grundschule Deutschlands geworden, weil

Das Wahrzeichen West-Berlins: Die Gedächtniskirche

sie die Neuköllner unter der Ägide des wackeren Bezirksbürgermeisters Heinz Buschkowsky von einem Ort der Katastrophen zu einem Vorzeigeprojekt gemacht haben. Groß herausgekommen ist auch die Steglitzer Einkaufsmeile Schloßstraße, wo sich zwischen den U-Bahnhöfen Walther-Schreiber-Platz und Rathaus Steglitz mit Schloss-Straßen-Center (SSC), Forum Steglitz, Karstadt, Boulevard Berlin und Schloss gleich fünf Shopping-Tempel aneinanderreihen. Der Bierpinsel – noch mehr West-Berlin geht eigentlich nicht – hat überlebt, und dank Dieter Hallervordens Tatkraft wird seit September 2009 im nahen Schlossparktheater wieder gespielt.

Auch die Gegend um den Bahnhof Zoo ist keine innerstädtische Wüstenei geworden, sondern ist voll des Lebens und macht, was die Bauten betrifft, ein wenig auf Manhattan. Die Eröffnung des Waldorf Astoria Berlin lässt den alten West-Berliner singen: »Der Insulaner hofft unbeirrt, dass sein Bahnhof wieder 'n schöner ICE-Halt wird.« Das Bikini-Haus am Zoo wird restauriert und nicht abgerissen, und was den Zoologischen Garten selbst betrifft, so steht er bei den Berlinern und den anrückenden Touristen höher im Kurs als der Tierpark, sein Ost-Berliner Pendant, und schlägt ihn (in Millionen Besuchern) locker mit drei zu eins. Die Krönung ist aber die Meldung der B.Z. vom 20. Juni 2012: »Kudamm ist Berlins Nummer 1 bei Facebook. Shopping vor Sightseeing: Bei den Facebook-Nutzern rangiert unter den Sehenswürdigkeiten der Hauptstadt nicht etwa das Brandenburger Tor an der Spitze der Beliebtheitsskala, sondern die Flaniermeile

Kurfürstendamm.« Viele scheinen Sehnsucht nach ihm zu haben, auch wenn sie Hildegard Knefs Song noch nie gehört haben. WB steht also nicht nur für West-Berlin, sondern auch für WIR BLEIBEN, wir sind nicht totzukriegen.

Am 28. Juni 2012 hatte ich die Ehre und das Vergnügen, von der *Berliner Abendschau* des rbb auf dem Breitscheidplatz, also am Fuße der Gedächtniskirche, zum Thema Befindlichkeiten des alten West-Berliners interviewt zu werden, und habe am Schluss mit Nachdruck die Schaffung eines West-Berlin-Museums gefordert. Beifall brandete auf, und hinterher wurde ich von mehreren älteren Mitbürgern geradezu umarmt. Nun, dieses Museum wird es so schnell nicht geben – begnügen wir uns deshalb mit diesem Buch aus dem Jahre 2006, dessen Text unverändert in die Neuausgabe übernommen worden ist.

Der West-Berliner als der große Gewinner

Am Anfang war das Ende – Die Entstehung des West-Berliners

Es heißt, ich sei im Februar 1938 auf die Welt gekommen. Zwar glaube ich das nicht, mit zunehmendem Alter immer weniger, aber nehmen wir einmal an, es sei wirklich so gewesen. Fest steht auf alle Fälle der Ort des Geschehens: die Lindenstraße im Bezirk Köpenick, später Ost-Berlin und Teil der Hauptstadt eines Landes mit dem Namen DDR. Hätte meine Mutter damals ausgerufen: »Horst ist ein Ostberliner!«, wäre sie auf totales Unverständnis gestoßen. Zunächst einmal lag und liegt Köpenick im Südosten der Stadt, und ganz abgesehen davon kannte die Umgangssprache damals weder den Ost- noch den West- oder den Südberliner, sondern einzig und allein den Nordberliner, lebend in den Bezirken Reinickendorf, Pankow und Weißensee. Nicht ohne Grund gibt es heute noch den *Nord-Berliner* als normale Tageszeitung, wenn er auch nur einmal in der Woche erscheint. Unterhielt man sich im Alltag über seinen Wohnort, dann spielte – neben Bezirk, Ortsteil, Kiez und Straße, versteht sich – die damalige postalische Zuordnung eine große Rolle. Die großen innerstädtischen Postbezirke waren aber nicht nur nach den vier Himmelsrichtungen – plus C für die Mitte – sortiert, sondern auch noch unterteilt in NW, NO, SW und so weiter, wobei Bezeichnungen wie SO 36 auch noch im 21. Jahrhundert eine gewisse Rolle spielen, zum Beispiel beim Quartiersmanagement.

»Berlin W«, das gab es schon, das war das vergleichsweise mondäne Berlin in der Gegend um die Kaiser-Wilhelm-Gedächtniskirche und den Kurfürstendamm, festzumachen an Institutionen wie dem Kaufhaus des Westens, dem KaDeWe, und dem Theater des Westens. Im Pharus-Plan des Jahres 1928 finden wir das dicke gelbe »W« aber auf Höhe des Bendlerblocks, zwischen Landwehrkanal und Tiergarten, also viel weiter östlich. Wer dort wohnte, mochte zwar wohlhabend und arrogant sein, sah sich aber mit Sicherheit nicht als West-Berliner beziehungsweise als solchen ohne Bindestrich. Über diesen siehe weiter unten.

Ziehen wir also eine erste Bilanz: Vor 1945 gab es keinen West-Berliner. Da er aber anschließend nachweisbar in die Weltgeschichte eingegangen ist, muss er nach Kriegsende entstanden sein. Und wir können es schon vorab ganz präzise fassen: Er ist ein Kind des Kalten Krieges, und den wiederum hätte es ohne das Hitler-Regime und den Zweiten Weltkrieg nicht gegeben. Erinnern wir uns kurz – unter besonderer Berücksichtigung dessen, was sich in Groß-Berlin und speziell auf dem Gebiet der späteren West-Berliner Bezirke ereignet hat …

Am 30. Januar 1933 ernennt Reichspräsident Paul von Hindenburg Adolf Hitler, den Führer der NSDAP, zum Reichskanzler. Nach der Machtergreifung werden

Andersdenkende zunehmend terrorisiert, und nach dem Reichstagsbrand in der Nacht vom 27. zum 28. Februar 1933 werden die Bürgerrechte durch eine Notverordnung erheblich eingeschränkt. SA und SS besetzen die Gewerkschaftshäuser, und am 21. März 1933 wird das KZ Oranienburg eingerichtet. Julius Lippert, Führer der NSDAP-Fraktion, wird von Hermann Göring, dem preußischen Innenminister, zum Staatskommissar für die Verwaltung Berlins ernannt, und er beginnt, der »marxistischen und jüdischen Verseuchung« der städtischen Ämter, Betriebe und Einrichtungen ein Ende zu bereiten. An die Schaufenster jüdischer Warenhäuser und Geschäfte werden Plakate geklebt, die zum Boykott aufrufen. Am 10. Mai 1933 werden in der von Joseph Goebbels, dem Propagandaminister, ins Leben gerufenen »Aktion wider den undeutschen Geist« 20 000 Bücher auf dem Opernplatz verbrannt, darunter die Werke von Kurt Tucholsky, Franz Werfel, Erich Kästner, Thomas und Heinrich Mann, Lion Feuchtwanger, Joseph Roth und Robert Musil. Die SPD wird verboten, ihre Mitglieder werden verfolgt, jede Opposition wird ausgeschaltet. Mit einem besonders billigen Radio, dem »Volksempfänger«, gelangt die NS-Propaganda in jedes Haus: »Ganz Deutschland hört den Führer mit dem Volksempfänger.« Der Exodus der Intellektuellen, insbesondere der jüdischen, beginnt. Die Olympischen Spiele in Berlin 1936 und die 700-Jahr-Feier der Stadt 1937 nutzt das Regime, um sich als grandios zu inszenieren. Dann beginnt am 9. und 10. November 1938 mit der »Reichskristallnacht«, mit dem Morden und dem Niederbrennen von Synagogen, Warenhäusern und Läden, ein neuer Abschnitt in der Judenverfolgung. Die ersten NS-Monumentalbauten werden eingeweiht, so die Reichsbank und die Neue Reichskanzlei.

Am 1. September 1939 entfesselt Hitler mit dem Überfall auf Polen den Zweiten Weltkrieg. Am 24. August 1940 gibt es den ersten Luftangriff auf Berlin, geflogen von der britischen Royal Air Force (RAF) als Vergeltungsschlag für einen Nachtangriff der Luftwaffe auf London. Beim nächsten Angriff der britischen Bomber regnet es Brand- und Sprengbomben auf Kreuzberg, und in der Gegend um die Skalitzer Straße und das Kottbusser Tor gibt es die ersten Toten, zwölf an der Zahl. Am 2. März 1943 bombardieren dann 257 RAF-Flugzeuge Berlin und legen ganze Stadtteile in Schutt und Asche. Ende März folgen zwei weitere Großangriffe. Durch die Angriffe im März sterben 711 Menschen. Ende 1943 sind 68 000 Häuser total zerstört, und 400 000 Berliner haben ihre Wohnung verloren. Die Evakuierung von Frauen, Kindern und Pensionären in weniger gefährdete Gebiete des Reiches beginnt. Als aber Goebbels am 18. Februar 1943 im Sportpalast die Anwesenden fragt: »Seid ihr entschlossen, dem Führer in der Erkämpfung des Sieges durch dick und dünn und unter Aufnahme auch der schwersten persönlichen Belastung zu folgen?«, da bejahen diese es unter frenetischem Beifall und wollen den »totalen Krieg«. Am 20. Juli 1944 scheitern das Attentat auf Hitler und der Staatsstreich, und die Offiziere unter den Verschwörern werden auf dem Hof des Bendlerblocks am Tiergarten standrechtlich erschossen.

Berlin wird zur Festung erklärt. Am 16. April 1945 beginnt die Schlacht um Berlin, am 21. April erreichen die ersten Stoßkeile der Roten Armee im Norden und Nordosten die Stadtgrenze, am 30. April 1945 begeht Hitler Selbstmord, am 2. Mai kapituliert der Kampfkommandant von Berlin, am 8. Mai das Deutsche Reich. Berlin ist auf einer Gesamtfläche von 9,5 Quadratkilometern zerstört, und 1,5 Millionen Menschen haben ihre Wohnung verloren. Ein Drittel der Straßen ist nicht befahrbar, keine Bahn verkehrt, die Strom- und Wasserversorgung ist zusammengebrochen, es gibt keine Lebensmittel mehr zu kaufen. Die Stadt bildet das größte zusammenhängende Trümmerfeld der Weltgeschichte.

Am 5. Juni 1945 vereinbaren die Oberbefehlshaber der sowjetischen, amerikanischen, britischen und französischen Besatzungsstreitkräfte in einer Villa in Wendenschloss im Hinblick auf die Reichshauptstadt Folgendes: »Das Gebiet von Groß-Berlin wird von den Truppen einer jeden der vier Mächte besetzt. Zwecks gemeinsamer Verwaltung (...) wird eine interalliierte Behörde (russisch: Kommendatura) errichtet, welche aus den vier von den Oberbefehlshabern ernannten Kommandanten besteht.« Die Einteilung der Sektoren war bereits am 12. September 1944 vorgenommen und im »Londoner Protokoll« festgehalten worden. Demnach umfasst der Sektor der UdSSR Pankow, Weißensee, Prenzlauer Berg, Mitte, Lichtenberg, Friedrichshain, Treptow und Köpenick. Zum Sektor der USA gehören Schöneberg, Steglitz, Tempelhof, Neukölln, Kreuzberg und Zehlendorf. Und der britische Sektor soll bestehen aus Reinickendorf, Wedding, Spandau, Charlottenburg, Wilmersdorf und Tiergarten. Am 1. Juli rücken die Amerikaner und die Briten in ihren Sektor ein. Am 30. Juli beschließen die Alliierten dann, auch den Franzosen zwei der 20 Berliner Bezirke zuzuerkennen, und zwar Reinickendorf und Wedding.

Lange Rede, kurzer Sinn: Als Zeugungsstunde des West-Berliners können wir damit den 12. September 1944 festhalten, geboren allerdings wird er erst Jahre später. Bei Kriegsende ist noch nicht einmal abzusehen, dass es ihn als solchen jemals geben wird, denn die Deutschen klammern sich an einen Satz Stalins: »Die Erfahrungen der Geschichte besagen, dass die Hitler kommen und gehen, aber das deutsche Volk, der deutsche Staat bleibt.« Und wenn der deutsche Staat bleibt, dann ja wohl auch Berlin als seine Hauptstadt! Und selbstverständlich ist der neue Magistrat, den der sowjetische Stadtkommandant General Nikolai E. Bersarin zusammenstellt, für die ganze Stadt zuständig. Neuer Oberbürgermeister wird Arthur Werner, ein parteiloser pensionierter Regierungsbaubeamter; und unter den 18 Stadträten sind drei, deren Namen einen großen Klang haben beziehungsweise noch haben werden: Für Gesundheit zuständig ist Ferdinand Sauerbruch, der große Chirurg, für Volksbildung Otto Winzer, der spätere Außenminister der DDR, und für das Bau- und Wohnungswesen Hans Scharoun, der Architekt der Philharmonie und der Staatsbibliothek. In Berlin erwacht neues Leben. Insbesondere die Frauen leisten Heldenhaftes, als »Trümmerfrauen« wie bei den »Hamsterfahrten«. Auf dem schwarzen Markt gibt es für die »Zigarettenwährung« oder zu horrenden Preisen fast alles. Am 14. Mai fährt die U-Bahn wieder, wenn auch nur zwischen ein paar Stationen in Neukölln; am 20. Mai gibt es in Lichtenberg das erste Fußballspiel nach dem Krieg; und am 4. September findet die erste Opernaufführung, *Fidelio*, im wenig beschädigten Theater des Westens statt.

Wer das alles, minutiös nachgezeichnet und grandios geschrieben, nachlesen möchte, der greife zu *Berlin Berlin – 1945–1953* von Curt Riess, dem Journalisten, der Anfang Juli 1945 zusammen mit den amerikanischen Truppen nach Berlin kommt.

Am 10. Juni 1945 werden durch Befehl Nr. 2 der Sowjetischen Militäradministration (SMAD) in Berlin Parteien und Gewerkschaften wieder zugelassen, und es scheint so, als würde in ganz Berlin an die Traditionen und Muster der Weimarer Demokratie angeknüpft werden.

Der Schein trügt aber, denn der Kalte Krieg beginnt. Die erste Runde im Ringen um Berlin haben die Westmächte bereits verloren, denn als sie Anfang Juli 1945 ihre Sektoren in Besitz nehmen, haben die Sowjetunion und die »Gruppe Ulbricht« schon vorgearbeitet: Im Magistrat von Groß-Berlin und den Bezirksverwaltungen sind alle wichtigen Positionen mit Kommunisten besetzt. Die Konflikte beginnen. Als man in Moskau merkt, dass die SPD weitaus mehr Zulauf hat als die KPD, inszeniert man die (Zwangs-)Vereinigung zur SED. Aber die bekommt, als es am 20. Oktober 1946 bei einer Wahlbeteiligung von 92,3 Prozent die ersten – und letzten – freien Wahlen in allen vier Sektoren gibt, nur 19,8 Prozent der abgegebenen Stimmen, während es die alte SPD auf 48,7 Prozent, die CDU auf 22,2 Prozent und die LDP auf 9,3 Prozent bringen. Der SPD-Politiker Otto Ostrowski wird zum neuen Oberbürgermeister von ganz Berlin gewählt, kann aber nicht so schalten und walten, wie es dem Amt entspräche, weil die SED in vielen Fragen andere Vorstellungen hat und stark genug ist sich durchzusetzen. Als Ostrowski dann auf der Suche nach Kompromissen mit der SED-Führung verhandelt, ohne seine Partei darüber zu informieren, bringt die SPD im April 1947 einen Misstrauensantrag gegen ihn ein, dem die Stadtverordnetenversammlung auch mehrheitlich zustimmt. Daraufhin tritt Otto Ostrowski zurück, und am 24. Juni 1947 wird Ernst Reuter (SPD) zum neuen Oberbürgermeister gewählt. Doch die sowjetische Besatzungsmacht verhindert mit ihrem Veto seine Amtsübernahme. Er sei antikommunistisch eingestellt, heißt es. Schließlich wird Louise Schroeder (SPD) mit der vorübergehenden Ausübung der Amtsgeschäfte betraut.

Im Laufe des Jahres 1947 verschärft sich der Ost-West-Konflikt. Der amerikanische Präsident Harry S. Truman verkündet in einer Botschaft an den Kongress, dass die USA alle Völker unterstützen werde, die »sich der Unterwerfung durch bewaffnete Minderheiten oder durch Druck von außen widersetzen«, während Oberst Sergej I. Tulpanow von der SMAD auf dem 2. Parteitag der SED von der Notwendigkeit spricht, die Westzonen vom »amerikanischen Monopolkapitalismus« zu befreien. Immer mehr Menschen, die sich den Sowjets und der SED widersetzen, verschwinden, werden verhaftet oder entführt. Man spricht von 5000 Fällen.

Im Jahr 1948 eskaliert dann alles. Am 15. Juni sperren die Sowjets wegen angeblicher Bauarbeiten an der Elbbrücke die Autobahn von Helmstedt nach (West-)Berlin, vier Tage später ordnet die SMAD die Einstellung des gesamten Auto- und Eisenbahnverkehrs an. Am 23. Juni wird in der Sowjetischen Besatzungszone (SBZ) und in Ost-Berlin die Reichsmark durch das »Ostgeld« ersetzt, und am 24. Juni wird in den drei Westsektoren das »Westgeld«, das heißt die Deutsche Mark (DM), eingeführt. Am 25. Juni beginnt die Versorgung der West-Berliner durch die Luftbrücke. Am 1. Juli verlässt der sowjetische Vertreter die Alliierte Kommandantur. Ende Juli erfolgt die Teilung der Polizei, und nach ihren Präsidenten heißt sie im Osten Markgraf- und im Westen Stumm-Polizei. Am 6. September sprengen SED-nahe Demonstranten die im sowjetischen Sektor tagende Stadtverordnetenversammlung. Die Mehrheit der Abgeordneten zieht in den Westen der Stadt, ins Charlottenburger Studentenhaus (und später ins Schöneberger Rathaus). Professoren, die sich dem Diktat der SED nicht beugen wollen, verlassen die Universität Unter den Linden und gründen im Steglitzer Titania-Palast die Freie Universität, die ihren Lehrbetrieb am 15. November in Dahlem beginnt. Am 30. November wählen die verbliebenen linientreuen Berliner Stadtverordneten einen »provisorischen demokratischen Magistrat« und Friedrich Ebert (SED) zum Oberbürgermeister von Ost-Berlin. Die West-Berliner treten am 5. Dezember an die Urne, und ihre neue Stadtverordnetenversammlung (später: Abgeordnetenhaus) wählt am 7. Dezember Ernst Reuter zum Oberbürgermeister (später: Regierenden Bürgermeister) von West-Berlin. Die Spaltung der Stadt ist also besiegelt. Bei Curt Riess heißt es dazu: »Ironie des Schicksals: dass jetzt, drei Jahre nach Beendigung des Krieges, als das Leben in Berlin langsam wieder normal hätte werden können, diese Stadt zur anormalsten Stadt Europas, ja, vermutlich der Welt wurde: zu einer Stadt, durch deren Mitte eine Grenze verlief, die nicht so sehr die Grenze zwischen Ost- und West-Berlin war als vielmehr die zwischen den Vereinigten Staaten von Nordamerika und der Sowjetunion. – Diese Grenze ging bald mitten durch das Leben der meisten Berliner.«

Hinzuzufügen wäre dem, dass viele West-Berliner, da sie nun schon an der Ostgrenze der USA lebten, davon träumten und ernsthaft davon redeten, auch deren Bundesstaat zu werden, der 50. – noch vor Hawaii.

Riess hält sich zu dieser Zeit in Zürich auf, liest Zeitungen aus der Schweiz, aus Belgien, Frankreich und England, und es scheint ihm, »dass nirgends ein wirklich entschiedener Ton gegen die Russen angeschlagen wurde, außer in den Berliner Zeitungen. Sie, deren Redakteure und Mitarbeiter nur einige Kilometer von den Russen entfernt lebten und abends nie wissen konnten, ob sie nicht im Verlaufe der Nacht von den Russen gefangen genommen werden würden, riskierten zu sagen, genau zu sagen, was sie von den Russen dachten.« Man kolportiert, dass prominente Amerikaner gesagt haben sollen, Europa könne gegen die Russen bestenfalls an den Pyrenäen verteidigt werden. Riess trifft Menschen, die sagen, sie würden sofort ein Visum nach Südamerika beantragen, wenn die Amerikaner Berlin räumten, denn dann sei ganz Europa verloren; und er kommt zu dem Schluss: »Wenn die Russen damals hätten marschieren wollen, hätte nichts sie daran hindern können, bis zum Kanal, zum Atlantischen Ozean oder auch zu den Pyrenäen vorzustoßen. Nichts – außer Berlin.«

Präzise hätte es heißen müssen: Außer West-Berlin, außer dem West-Berliner. Wie auch immer: Der West-Berliner wird zur entscheidenden Figur der Weltgeschichte.

Ehe wir den West-Berliner nun ganz in den Mittelpunkt unserer Betrachtungen rücken, müssen wir noch ein wenig theoretisch werden. Zuerst einmal ist zu entschuldigen, dass immer nur vom West-Berliner gesprochen wird – und ganz selten nur von der West-Berlinerin. Der Einwand von feministischer Seite, so gehe das nicht, ist berechtigt, doch es würde das Buch leider unlesbar machen, wenn es immer hieße: »die West-Berlinerin beziehungsweise der West-Berliner« oder »der/die West-BerlinerIn«. Und durchgehend nur »die West-Berlinerin« zu schreiben, wie es mir die Gefährtin des Lebens, eine West-Berlinerin, nahegelegt hat, löst das Problem meines Erachtens auch nicht sonderlich elegant. Also: Wie der Begriff Menschheit, obwohl zugegebenermaßen männerlastig, auch beide Geschlechter umfasst, so auch der Begriff West-Berliner. Ein fauler Kompromiss, aber eben landesüblich.

Dass es »den West-Berliner« als solchen nicht gibt, muss nicht weiter diskutiert werden. Hier genügt der Verweis auf Max Weber: Der West-Berliner der Jahre 1948 bis 1989, ob er nun als Mann oder als Frau daherkommt, ist ein Konstrukt im Sinne des von Weber herausgearbeiteten Idealtypus. Der wird gewonnen »durch einseitige Steigerung eines oder einiger Gesichtspunkte und durch Zusammenschluss einer Fülle von diffus und diskret, hier mehr, dort weniger, stellenweise gar nicht, vorhandenen Einzelerscheinungen« und ist ein künstliches Gedankengebilde, das in »seiner begrifflichen Reinheit (…) nirgends in der Wirklichkeit empirisch vorfindbar« ist. Mit Scherz, Satire und Ironie soll der West-Berliner analysiert werden. Persönliche Erfahrungen und Anekdoten werden sich mit Versuchen mischen, den politischen Kontext zu beleuchten und die »Frontstadt« in ihren Strukturen und ihrem Überbau verständlich zu machen.

Der Autor hat zwar im Köpenicker Ortsteil Schmöckwitz (sowjetischer Sektor) die schönsten Tage seiner Kindheit und Jugend verbracht, war jedoch in den hier zur Debatte stehenden Jahren in den Bezirken Neukölln (amerikanischer Sektor), Charlottenburg und Wilmersdorf (britischer Sektor) sowie Reinickendorf (französischer Sektor) polizeilich gemeldet, ist also selber genuiner West-Berliner. Verleiht ihm das einerseits die nötige Kompetenz zum Schreiben dieses Buches, so birgt es andererseits jene Gefahren, die alle teilnehmende Beobachtung mit sich bringt. Man sei selber zu sehr in das Geschehen involviert, zu sehr von seinen Emotionen beherrscht und mitgerissen, heißt es in der empirischen Soziologie, identifiziere sich zu sehr mit der Gruppe, in der man lebt, und könne den nötigen Abstand nicht wahren.

Nun, dies ist ja keine wissenschaftliche Arbeit, und die Distanz zu meinem Subjekt versuche ich dadurch zu wahren, dass ich es mit Ironie verfolge. Doch nie bestreite ich, selber ein bekennender West-Berliner gewesen zu sein und als solcher gefühlt und gedacht zu haben. Natürlich bin ich froh und glücklich, heute wieder ein richtiger (das heißt wieder vereinigter Groß-) Berliner zu sein, der es Tag für Tag genießt, dass seine Insel wieder 'n schönes Festland ist und er friedlich durch die Bezirke flanieren kann, die für ihn 40 Jahre lang formal im Ausland lagen. Doch so wie die Ost-Berliner das Recht haben, in Ostalgie zu schwärmen und bei ihren Ostpro-Messen leuchtende Augen zu bekommen, so dürfen wir West-Berliner uns die Freiheit nehmen, laut zu sagen, wie herrlich wir doch unsere alten Inselzeiten fanden und wie viel wir seither – bei allen Riesengewinnen – doch verloren haben.

Eine Warnung sei noch ausgesprochen: Ich bin Soziologe und Schriftsteller und kein Essayist und halte es mit Theodor Fontane: »(...) geistreich-sein ist bloß gefährlich wie schön-sein und ruiniert den Charakter.« Auch ist es mir zuwider, die Stadt mit intellektueller Arroganz zu betrachten und alle Berliner und Berlinerinnen ohne Universitätsabschluss in den Geisteswissenschaften und die richtige links-alternative Gesinnung als dumpfe Spießbürger anzusehen, über die man nur lästern kann. Es ist ebenso amüsant wie ärgerlich, wenn der Schwanz, das heißt die höchst selbstreferentielle »geistige Elite«, mit dem Hund, das heißt dem Volk, zu wedeln versucht.

Meine vermeintlich frei schwebende »Ich-bin-ich-Haltung« ist natürlich ebenso angreifbar, und so empfehle ich als Korrektur wie Ergänzung die West-Berlin-Bücher von Olaf Leitner (*West-Berlin! Westberlin! Berlin (West)!*), Ulf Mailänder und Ulrich Zander (*Das kleine Westberlin-Lexikon*) und auch – erfrischend unprätentiös – jenes von Kerstin Schilling (*Insel der Glücklichen*).

Nun zu dem, was den West-Berliner recht eigentlich geschaffen hat: dem Kalten Krieg und seinem eigenen Kampf gegen die kommunistische Bedrohung.

Dem Osten trotzen (I): Die Blockade

Die Angst des West-Berliners vor den Russen und ihren Erfüllungsgehilfen in der SBZ beziehungsweise DDR war ebenso berechtigt wie hysterisch. Der RIAS, ein (Propaganda-)Sender der Amerikaner, berichtete Tag für Tag ausführlich über die Missstände und Menschenrechtsverletzungen in der »Zone«, und auch die West-Berliner Tageszeitungen waren eindeutig parteiisch. Es war aber auch wirklich ein Horrorszenarium, was sich dem West-Berliner ringsum darbot. Da gab es die Aktion »Ossawakim«, bei der Tausende von deutschen Spezialisten in einer Nacht-und-Nebel-Aktion in die UdSSR verschleppt wurden; da existierten die sowjetischen Sonderlager – wie das mit der Nr. 7 im ehemaligen KZ Sachsenhausen –, in denen Regimegegner gefangen gehalten wurden, manche fast noch Kinder und manchmal wegen lächerlicher Vergehen; da hatte man in der SBZ Tausende von Großbauern, Ärzten, Apothekern, Hoteliers und Firmeninhabern unter aberwitzigen Vorwänden verhaftet, eingesperrt und enteignet; da waren immer wieder unliebsame Journalisten in den Osten entführt worden; und da hatte man in Schauprozessen angeblich nicht mehr linientreue Genossen nach Art eines Roland Freisler angeklagt, verurteilt und hingerichtet. Unvergessen waren auch die Massenvergewaltigungen durch Soldaten der Roten Armee, aber auch die Bilder, die die NS-Propaganda über die »kommunistischen Untermenschen« verbreitet hatte. Kein Wunder, dass unter diesen Umständen die Devise »Lieber tot als rot« die Runde machte. Curt Riess schreibt von den West-Berlinern: »(...) schließlich wussten sie: An dem Tage, an dem die Westmächte die Stadt räumten, würden viele von ihnen aufgehängt werden.«

Der West-Berliner ahnte natürlich, warum die Russen die Blockade einsetzten. Erstens aus Rache für die Niederlage, die sie und ihre deutschen Handlanger bei den Wahlen am 20. Oktober 1946 erlitten hatten. Man kannte ja noch das alte Motto: »Und willst du nicht mein Bruder sein, so schlag' ich dir den Schädel ein!« Zweitens, um die Amerikaner, Briten und Franzosen aus West-Berlin zu vertreiben. Im Osten wussten sie, dass der West-Berliner nicht aufgeben würde, solange er sich des Beistands dieser Länder sicher sein konnte. Drittens passte es den Russen gar nicht, dass die Westalliierten ihnen mit dem Außenposten West-Berlin so genau dabei zusehen konnten, wie sie versuchten, ihre Besatzungszone und Ost-Berlin zu »bolschewisieren«. Die Russen mussten die (Halb-)Stadt als Pfahl im Fleische empfinden. Und viertens war es eine Kraftprobe, die Aufschluss über die Strategie und Stärke des Westens geben konnte. Die Russen rechneten damit, dass die Amerikaner, Briten und Franzosen aus West-Berlin abziehen und nicht riskieren würden, dass zweieinhalb

Millionen Menschen verhungerten. Damit hätte Moskau sein Spiel gewonnen, in Europa und weltweit.

Wie Moskau die Sache sah, konnte der West-Berliner, wenn er diese Blätter denn jemals in die Hand nahm, im *Neuen Deutschland* oder der *Täglichen Rundschau* nachlesen oder im östlichen *Berliner Rundfunk* hören. Dass das so war, dafür wurde gesorgt.

So schildert Curt Riess, wie ein mit ihm befreundeter ADN-Korrespondent »zum Befehlsempfang« in Karlshorst weilt und von einem Major Faktorowitsch und einer seiner Mitarbeiterinnen auf die richtige »Sprachregelung« eingestimmt wird. Besondere Zielscheiben sind dabei zwei Amerikaner: General Lucius D. Clay, der die Luftbrücke organisiert, und Stadtkommandant Oberst Frank Howley. »In West-Berlin hat sich (...) eine Agentur der westlichen Imperialisten unter Führung Clays und Howleys eingenistet. Sie wollen von Berlin aus den demokratischen Aufbau in unserer Zone stören. Sie entsenden Spione, und sie rauben West-Berlin aus. Nun, wir haben die Westmächte nicht nach Berlin gelassen, um ihnen zu gestatten, von hier aus das deutsche Volk gegen die Sowjetunion aufzuhetzen. Wir haben sie nach Berlin kommen lassen, damit sie gemeinsam mit uns ein friedliches, fortschrittliches, entmilitarisiertes und demokratisches Deutschland aufbauen. Sie haben aber seit Monaten gesehen, wie Clay das sabotiert. Die Westmächte haben überhaupt kein Recht mehr, sich in Berlin aufzuhalten. Ihre Anwesenheit ist eine Provokation!« Die Mitarbeiterin erklärt die Aufgabe der östlichen Medien. Ihre Aufgabe bestehe darin,

»der deutschen Öffentlichkeit klarzumachen, dass es im Interesse der Deutschen selbst liegt, dass die Amerikaner und die Briten aus Berlin verschwinden. Die Sowjetunion sieht Berlin als Hauptstadt eines geeinten Deutschlands an. Die Imperialisten dagegen sind nur hierhergekommen, um Deutschland zu spalten. Das deutsche Volk darf sich das nicht bieten lassen. Und ich sage Ihnen, die Amerikaner werden von hier verschwinden!«

Doch das soll sich bald als Irrtum erweisen. Die alten zweimotorigen C-47 aus dem Zweiten Weltkrieg werden von den Amerikanern durch leistungsfähigere C-54 »Skymaster« (DC-4) ersetzt; die Briten beteiligen sich an der Luftbrücke, fliegen mit den C-47 ihren Flugplatz Gatow an und setzen auf Havel und Wannsee Wasserflugzeuge vom Typ »Sunderland« ein; die Franzosen beginnen mit dem Bau des Flughafens Tegel. Mit »fliegenden Güterwagen« vom Typ C-82 werden schwere Bauteile nach West-Berlin geflogen, auch solche für ein dringend benötigtes Kraftwerk.

Auf insgesamt 279962 Flügen werden 2342257 Tonnen nach Berlin geflogen. Mit äußerster Präzision bewegen sich die Maschinen dicht hintereinander durch die engen Luftkorridore, zum Teil fliegen sie in fünf verschiedenen Gruppen übereinander.

Die West-Berliner Schüler strecken ihre Ärmchen jubelnd den »Rosinenbombern« entgegen, und ihr besonderer Liebling wird der Leutnant Carl S. Halverson, der Schokoladentafeln an selbstgebastelten kleinen Fallschirmen zur Erde schweben lässt. In der »Aktion Storch«

Einer der rund 213 000 »Rosinenbomber« der Luftbrücke, 1948

werden bedürftige Kinder in den Westen ausgeflogen und vorübergehend bei Gasteltern untergebracht.

Es war eine harte Zeit für die West-Berliner. »Sie murrten nicht«, so Curt Riess, »aber sie schimpften, und zwar auf die Russen. Es war erstaunlich, wie offen sie das taten, zum Beispiel in der Untergrundbahn oder der Stadtbahn, und sie hörten auch nicht auf, wenn sie in den sowjetischen Sektor kamen. Besonders aber schimpften sie auf die Ostzeitungen, die Blätter, die von Deutschen im Dienste der Russen gemacht wurden. – Die Ostpresse wurde damals k. o. geschlagen (...).«

Der West-Berliner sitzt im Dunkeln, kocht sein Süppchen nachts um ein Uhr, wenn sein Bezirk mal keine Stromsperre hat, isst grausam schmeckende Trockenkartoffeln und friert (»Ick kann jar nich so ville zittern, wie ick friere!«), aber er denkt nicht daran aufzugeben. Was ihm hilft, sind der schwarze Markt und der Schmuggel aus der Ostzone. Die Stimmung ist einmalig: »Unwahrscheinlich, gespenstisch, gelebter Surrealismus.« (Curt Riess)

Natürlich hätte Stalin jeden Tag den Befehl geben können, die »Rosinenbomber« abzuschießen, doch er gibt ihn nicht, denn in Moskau weiß man, dass das mit einiger Wahrscheinlichkeit den Dritten Weltkrieg auslösen würde. Schließlich wird man müde und sieht ein, dass man den West-Berliner und die Westmächte mit einer Blockade nicht in die Knie zwingen kann. Am 5. Mai 1949 vereinbaren die vier Großmächte das Ende der Blockade und legen den offiziellen Termin fest auf den 11. Mai 1949, 24 Uhr. Es wird eine Sternstunde West-Berlins. »(...) das war in Berlin wie bei einer großen Premiere. Jeder, der etwas war oder etwas sein wollte, fuhr hinaus zur amerikanisch-britischen Kontrolle der Autobahn (...). Es war ein wenig so, wie es am 14. Juli auf den Pariser Straßen ist. Jawohl, es wurde auf der Autobahn getanzt (...). Berlin schien die glücklichste Stadt der Welt. Es war alles wie im Märchen.« (Curt Riess) Es gibt plötzlich wieder alles zu essen und Strom und Gas zu jeder Tageszeit. Und Straßen- und U-Bahnen fahren auch noch nach 18 Uhr.

Welch glanzvoller Sieg! Und wir können es in einem Satz zusammenfassen: Mit der Blockade und ihrer Überwindung wird der West-Berliner geboren.

Für Curt Riess ist es aber auch eine Wiedergeburt: »(...) wenn ich mir überlege, wie ruhig die Berliner in diesen Tagen blieben, in denen so Unerhörtes über sie verhängt wurde, dann tauchte langsam ein Bild vor mir auf, das schon ein wenig alt und vergilbt war und dessen Existenz ich schon vergessen hatte: das Bild des Berliners aus den guten Vor-Hitler-Zeiten. Ja, so war er: Vieles war ihm schnuppe, er war ein bisschen skeptisch und gleichgültig, kess, mit einem gewissen trockenen Humor begabt, äußerlich rau, aber dennoch immer hilfsbereit, und von einer Kameradschaft, wie der Asphalt übervölkerter Städte sie schafft, vor allem aber: Er war schnell und hell in seinen Reaktionen. Ja, so war der Berliner einmal gewesen, und so hatten wir ihn in hundertfacher Ausführung kennen gelernt (...). Und nun war er, sozusagen über Nacht, wieder geboren. Er war wieder da, der alte Berliner. Und vielleicht, so dachte ich jetzt, war er nie wirklich fort gewesen.

Vielleicht hatte er auch unter den Nazis weitergelebt, und vielleicht war das der Grund dafür, dass die Nazis Berlin nie richtig erobert hatten. (...) Ja, vielleicht könnte man sagen, dass Berlin auch unter den Nazis eine Art belagerte Stadt gewesen war, so dass die Erfahrungen, die die Berliner jetzt durchmachten, ihnen nicht ganz neu waren. Das mochte ihre Ruhe erklären, als nun die Flugzeuge der ›Operation Vittles‹ mit wenigen Sekunden Abstand über ihren Häuptern dahinbrausten. Denn diese Ruhe wurde für jeden unvergesslich, der die Blockade von Berlin miterlebte.«

Riess spricht hier nicht vom Ost- und West-Berliner, sondern nur vom Berliner generell, denn auch der Ost-Berliner war ja von der Blockade betroffen: »Berlin war keine viergeteilte Stadt mehr. Berlin – das waren jetzt zwei Städte, die, wenn sie an den entgegengesetzten Enden der Welt gestanden hätten, nicht weiter voneinander hätten entfernt sein können.« Nehmen wir das Ergebnis der letzten freien Wahlen, dann können wir sagen, dass vielleicht ein Fünftel der Ost-Berliner mit heißem Herzen und/oder kühler Berechnung auf den Sozialismus und den »ersten Arbeiter- und Bauernstaat auf deutschem Boden« setzte. Die große Mehrheit der Ost-Berliner war aber sicherlich nicht glücklich über ihr Schicksal und fühlte sich zu vielen Jahren SBZ beziehungsweise DDR verurteilt. Aber dies kann ein West-Berliner nicht recht beurteilen und muss warten, bis das Buch »Der Ost-Berliner als solcher« erscheint.

Wir hier können uns nur mit dem West-Berliner als

solchem beschäftigen. War er mit der Blockade geboren worden, so wuchs er in den Jahren bis zur Mauer heran, um mit ihrem Bau und in der Zeit bis zur Wende so richtig zu reifen. Was ihm dabei half, waren herausragende Persönlichkeiten.

Frontstadthelden mit Charisma

In der Herrschaftssoziologie Max Webers bezeichnet Charisma die als außergewöhnlich geltende Qualität einer Persönlichkeit, die auf dem Glauben an ihre Berufung oder ihre »Heiligkeit« beruht und freiwillige Gefolgschaft begründet. Auch die moderne Massendemokratie kann nach Weber ohne charismatische Führerfiguren keinen Erfolg haben.

Der West-Berliner nun verehrt drei seiner Oberen in der hier gemeinten Art und Weise, davon zwei ganz besonders heftig: Ernst Reuter und Willy Brandt. Beginnen wollen wir aber mit einer Frau, mit Louise Schroeder (1887–1957).

Im zweiten Nachkriegsmagistrat ist Louise Schroeder Dritte Bürgermeisterin. Als dann 1947 Oberbürgermeister Otto Ostrowski von der Stadtverordnetenversammlung abgewählt wird und Ernst Reuter wegen des Vetos der Sowjets sein Amt nicht antreten kann, wird sie vom 8. Mai 1947 bis zum 7. Dezember 1948 amtierende Oberbürgermeisterin. Zu diesem Zeitpunkt hat sie schon viel erlebt.

In Hamburg-Altona als Tochter eines Arbeiters geboren, arbeitet Louise Schroeder nach Mittelschule und kaufmännischer Gewerbeschule für Mädchen als Sekretärin, tritt mit 22 Jahren in die SPD ein, bleibt unverheiratet, widmet sich mit ganzer Kraft der Sozialarbeit und wird nach dem Ersten Weltkrieg immer wieder in den Reichstag gewählt, wo sie aber so unauffällig wirkt, dass sie dem KZ entgeht und nur unter Polizeiaufsicht gestellt wird. Als Verkäuferin in Hamburg schlägt sie sich durch, kehrt aber im Krieg nach Berlin zurück, wo man besser untertauchen kann. Zweimal wird sie ausgebombt. Vom Frühjahr 1944 an arbeitet sie im besetzten Dänemark und erlebt dort das Ende des Krieges. Als Kurt Schumacher die SPD wiederaufbaut, ist sie in Berlin dabei. Auch als Bürgermeisterin bleibt sie dem einfachen Leben treu. Sie wohnt möbliert bei einer Freundin und fährt mit U- und Straßenbahn ins Stadthaus, obwohl ihr ein Dienstwagen zur Verfügung steht. Sie geht kaum aus, abends liest sie vornehmlich zu Hause Akten.

Keiner traut ihr zu, dem Terror der SED-Kämpfer standzuhalten, als diese am 23. Juni 1948 den Sitzungssaal der Stadtverordneten stürmen; niemand hält sie für stark genug, eine zerrissene, hungernde und zerstörte Stadt zu regieren und einen riesigen Verwaltungsapparat in den Griff zu bekommen – doch sie schafft es.

Curt Riess schildert sie so: »Sie war klein, schmal, zerbrechlich. Unter stark ergrautem Haar sah man ein kluges, gütiges Gesicht, intelligente Augen hinter einer etwas zu großen Hornbrille. Die Frau war einfach, vielleicht ein wenig zu spießbürgerlich angezogen. Sie wirkte ernst und gefasst (...).«

Der dankbare West-Berliner macht sie zur Ehrenbürgerin seiner (Halb-)Stadt und benennt den Oskarplatz im Wedding nach ihr. Sie wächst dem Volk so ans Herz, dass man einen 50 Jahre alten Schlager hervorkramt, um ihr zu huldigen: »O Louise, keine Frau ist so wie diese!«

Ernst Reuter fungiert vom 7. Dezember 1948 bis zu seinem Tode am 29. September 1953 als Regierender Bürgermeister. Der West-Berliner weiß wenig von ihm, höchstens, dass Reuter vor dem Zweiten Weltkrieg aus verschiedenen Betriebsgesellschaften die BVG geschmiedet hat, dass er Oberbürgermeister von Magdeburg war und dass er vor den Nationalsozialisten in die Türkei geflüchtet ist.

Auf die Welt kommt Ernst Reuter am 29. Juli 1889 im heute dänischen Apenrade. Das Abitur macht er 1907 in Leer, in Ostfriesland also – doch nie lästert der West-Berliner später darüber und sagt: »In Aurich ist's traurig, in Leer noch viel mehr.« Nach der Schule studiert er in Marburg und München Philosophie und Soziologie – etwas, das nach Meinung des West-Berliners nur zu einem qualifiziert: zum Taxifahren (nicht als Fahrgast, sondern als Kutscher). Anschließend arbeitet er als Privatlehrer und, nach seinem Eintritt in die SPD, bei der Partei. Im Ersten Weltkrieg wird er als Feldjäger an der Ostfront schwer verwundet, kommt in Gefangenschaft, schließt sich den Bolschewisten an und wird zum Volkskommissar der Wolgadeutschen Republik ernannt. 1918 kehrt er nach Berlin zurück und tritt der KPD bei. Unter dem Decknamen »Friesland« leitet er 1919 als Moskaus Mann den Spartakistenaufstand. Lenin war begeistert von ihm.

Den West-Berliner juckt das alles nicht, und man fühlt sich an den Film *Manche mögen's heiß* erinnert, in dem sich der liebestolle Millionär am Ende auch nicht daran stört, dass sich die von ihm so heiß begehrte Schöne aus der Damenkapelle als Mann entpuppt.

Im Januar 1922 kehrt Reuter in die SPD zurück, wird in den Reichstag gewählt und später von den Nationalsozialisten ins KZ gesteckt. Als englische Freunde seine Freilassung erwirken können, emigriert er in die Türkei und wird dort Professor für Städtebau und Stadtplanung an der Verwaltungsakademie Ankara.

Im November 1946 kehrt Ernst Reuter nach Berlin zurück und übernimmt wiederum das Verkehrsdezernat. Als Curt Riess ihm zum ersten Mal begegnet, hatte er einen Revolutionär erwartet, aber: »Ich sah einen behäbigen, gut bürgerlichen Mann, der allerdings schon, wenn er einen aus seinen schönen Augen ansah oder zwei, drei Worte hinwarf, bedeutend wirkte. Aber gleichzeitig spürte man eine gewisse Müdigkeit, ja Niedergeschlagenheit.« Reuters Frau Hanna erzählt Riess, »er sei ein Familienvater wie tausend andere Männer auch, er habe keine Launen, weil er keine Zeit dafür habe. Manchmal sehe sie ihn tagelang nicht, denn er eile von einer Besprechung in die andere.« Reuters Sekretärinnen berichten, er »sei keine Primadonna, mache niemals Szenen, sein Ton bleibe immer gleichmäßig ruhig. Vielleicht trinke er ein wenig zu viel starken Kaffee und rauche zu viele Zigarren.«

Die Kommunisten hassen Reuter als Renegaten und verweigern ihm nach seiner Wahl die Bestätigung als Oberbürgermeister. Seine antisowjetischen Ausfälle könnten Ton und Inhalt nach aus dem Propagandaministerium Goebbels' kommen, wirft man ihm vor. »Wird ein Türke Oberbürgermeister?«, fragen die kommunistischen Blätter voller Polemik.

Seine Sternstunde hat Ernst Reuter am 9. September 1948, also während der Blockade und angesichts des nahenden Winters, als sich auf dem Platz der Republik vor dem Reichstag 300 000 Berliner zu einer Kundgebung versammeln. Mit nasaler Stimme – wie mit zugehaltener Nase – und voller Leidenschaft appelliert er an die Staaten des Westens, seinen Teil Berlins vor den Kommunisten zu retten:

Heute ist der Tag, wo das Volk von Berlin seine Stimme erhebt. Dieses Volk von Berlin ruft heute die ganze Welt, denn wir wissen, worum es heute bei den Verhandlungen im Kontrollratsgebäude (...) (geht). In allem diesem Handeln und Verhandeln wollen wir Berliner kein Tauschobjekt sein. (...) Ihr Völker der Welt, Ihr Völker in Amerika, in England, in Frankreich, in Italien! Schaut auf diese Stadt und erkennt, dass Ihr diese Stadt und dieses Volk nicht preisgeben dürft und preisgeben könnt!

Diese Rede lässt Ernst Reuter für den West-Berliner unsterblich werden, das »Ihr Völker der Welt – Schaut auf diese Stadt« zitiert dieser unentwegt, und wenn es ironisch gemeint ist. Er vergöttert Ernst Reuter und trennt sich seinetwegen vom Knie, gibt dem Platz, an dem Hardenberg-, Bismarck-, Marchstraße, Otto-Suhr-Allee und die heutige Straße des 17. Juni zusammenstoßen, seinen Namen. Ernst-Reuter-Platz heißt auch die U-Bahnstation. Ernst Reuters Markenzeichen, die Baskenmütze, hat einen so hohen Symbolwert wie etwa die Jakobinermütze. Am liebsten hätte der West-Berliner seine Insel im roten Meer Ernst-Reuter-Stadt Berlin genannt, doch solche Ehrungen waren ja DDR-Brauch – siehe Wilhelm-Pieck-Stadt Guben oder, gleich ganz radikal, Karl-Marx-Stadt für Chemnitz – und somit völlig undenkbar.

Peter Merseburger urteilt über Ernst Reuter so, wie es der West-Berliner nicht anders formuliert hätte: »Reuters unerhörtes Charisma, über das er zweifellos verfügte, gab den West-Berlinern Mut und Kraft, auch unter schwierigsten Bedingungen, etwa zur Zeit der Blockade, auszuharren.« Er zitiert auch Reuters Satz, Berlin sei ein »Pfahl im Fleisch des satanischen, teuflischen Systems, das uns und die Welt vom Osten bedroht«. Solange West-Berlin aber standhielte, sei die Konsolidierung des Systems in der Ostzone unmöglich. Nach General Maxwell D. Taylor, erst Berliner Stadtkommandant und später militärischer Berater John F. Kennedys, habe es in der ganzen westlichen Welt »keinen besseren Kämpfer im Kalten Krieg« gegeben als Ernst Reuter.

Nach Ernst Reuter kommt – mit den Zwischenstationen Walther Schreiber (CDU) und Otto Suhr (SPD) – Willy Brandt, der dessen »junger Mann«, sein politischer Ziehsohn war. Vom 3. Oktober 1957 bis zum 4. November 1965 ist Willy Brandt Regierender Bürgermeister, weithin in einer Großen Koalition mit der CDU; und zu seinen Senatoren gehören so renommierte und vom West-Berliner hochgeschätzte Frauen und Männer wie Ella Kay (SPD – Jugend und Sport), Joachim Tiburtius (CDU – Volksbildung), Kurt Exner (SPD – Arbeit und Soziales) und Karl Schiller (SPD – Wirtschaft).

Am 18. Dezember 1913 wird Willy Brandt unter dem Namen Herbert Frahm in Lübeck geboren. Nach der nationalsozialistischen Machtergreifung muss er als Mitglied von SAP und SPD nach Skandinavien flüchten, wo er sich Willy Brandt nennt, als Journalist arbeitet und im Widerstand gegen Hitler tätig ist. 1938 nimmt er die norwegische Staatsbürgerschaft an. 1945 kehrt Brandt nach Deutschland zurück und wird als Kurt Schumachers Mann nach Berlin geschickt. Er ist Korrespondent skandinavischer Zeitungen und arbeitet außerdem für die norwegische Militärmission in West-Berlin. Für die SPD wird er 1949 als Vertreter Berlins in den Bundestag geschickt.

Für seinen Lebensweg entscheidend ist das Zusammentreffen mit Ernst Reuter. Als Brandt ihm 1947 im Hause von Annedore Leber in Zehlendorf zum ersten Mal begegnet, ahnt er das – Peter Merseburger zufolge – sofort. »Beinahe lyrisch vergleicht er ihn einmal mit ›einem alten Baum, der vielen Stürmen getrotzt hat und um den man sich gerne lagert, weil man sich da so geborgen fühlte‹.« Und weiter Peter Merseburger in seiner Brandt-Biografie: »Reuter nun, der intime Kenner Russlands und des Bolschewismus, der immer wieder die ›totalitäre Wesensverwandtschaft‹ zwischen Nationalsozialismus und

Kommunismus hervorhebt und zum Symbol für den Freiheitskampf West-Berlins wird, übt auf Brandt einen Einfluss aus, der schwerlich zu überschätzen ist. Am politischen Himmel und in der Welt des Geistes, meint Brandt, hätten sie beide dieselben Sterne gehabt.«

Brandt hat nicht nur gegen Pankow und Moskau zu kämpfen, sondern auch gegen die eigenen SPD-Genossen um Franz Neumann und dessen »Keulenriege«. Damit macht er beim West-Berliner viele Pluspunkte. Als der Regierende Bürgermeister Otto Suhr nach seiner Wahl zu kränkeln beginnt, erobert Willy Brandt nach und nach die politische Bühne, seinen großen Durchbruch hat er aber erst am 5. November 1956, als sich vor dem Schöneberger Rathaus Hunderttausende von West-Berlinern versammeln, um gegen die brutale Niederschlagung des Ungarnaufstandes zu protestieren. Die Menge ist aufgebracht und buht die einheimischen Politiker aus, als sie mit ihren Phrasen kommen. Auch Willy Brandt kann sie zunächst nicht beruhigen, obwohl er Boykottmaßnahmen gegen die Sowjetunion und den Abbruch der diplomatischen Beziehungen fordert. Die Menge setzt sich in Bewegung, um die sowjetische Botschaft Unter den Linden zu stürmen. Brandt springt in einen Lautsprecherwagen der Polizei, setzt sich an die Spitze des Zuges und leitet ihn zum Mahnmal für die Opfer des Stalinismus am Steinplatz, wo er die Leute beruhigen kann. Er weiß, dass Zwischenfälle an der Sektorengrenze den Dritten Weltkrieg auslösen können, denn die Volkspolizei und russische Panzer stehen schussbereit in den Nebenstraßen. Das macht er mit dem Megaphon in der Hand später auch aufgebrachten Jugendlichen auf der Straße des 17. Juni klar und führt sie zum Sowjetischen Ehrenmal, wo sie sich abreagieren können. Er lässt die deutsche Nationalhymne spielen – Einigkeit und Recht und Freiheit –, und alle stimmen ein. Nun ist klar, dass er der einzige Politiker in West-Berlin ist, der die Massen zähmen kann, und fortan ist er der Held der öffentlichen Meinung. Seine Frau Rut und er werden zum Traumpaar des West-Berliners. Am 3. Oktober 1957 wird er zum Regierenden Bürgermeister gewählt und steigt, wie Peter Merseburger schreibt, zum »Nebenaußenminister« der Bundesrepublik und zum »Gegenkönig« Adenauers auf. Als Sonderbotschafter der Freiheit Berlins und der deutschen Sache wird er von den Bonnern rund um die Welt geschickt und ist in den Zeitungen an der Seite von Präsident Eisenhower, Hammarskjöld, Hirohito und Nehru zu sehen.

Am höchsten steigt sein Stern, als Chruschtschow am 27. November 1958 die Westmächte ultimativ auffordert, sich innerhalb eines halben Jahres aus West-Berlin zurückzuziehen und dieses in eine »entmilitarisierte freie Stadt« umzuwandeln. Das trifft den West-Berliner wie ein Keulenhieb, und seine Urangst, eines Tages doch vom Osten vereinnahmt zu werden, bricht wieder hervor. Das ist Willy Brandts Chance, sich endgültig zu profilieren. Automatisch wird er zum Sprecher für ganz (West-)Berlin und »zum Symbol seines Abwehrwillens und Freiheitskampfes, den es seit der Blockade nun zum zweiten Mal führen muss«. Brandt wird in diesen Tagen und Wochen

Willy Brandt am 16. August 1961 nach Abriegelung des Sowjetsektors

»durch Chruschtschow auf die Bühne der Weltpolitik katapultiert« (Peter Merseburger). Von John Foster Dulles erhält er das Versprechen, dass die USA West-Berlin nicht fallenlassen werde, und vor dem Europarat in Straßburg beschwört er die Delegierten, eine Abtrennung West-Berlins vom Bund nicht zuzulassen – oder es werde »auf niedriger Flamme gar gekocht«. Brandt trifft den UN-Generalsekretär Dag Hammarskjöld, und New York feiert ihn mit einer Konfettiparade. »Willy, Willy!«, ruft die begeisterte Menge – und: »Bleib weiter fest!« Der Stichtag des Ultimatums verstreicht – West-Berlin ist wieder einmal gerettet, obwohl die Krise weitergeht.

Den Mauerbau am 13. August 1961 kann Willy Brandt nicht verhindern – allerdings hat der West-Berliner das auch niemals von ihm erwartet. Doch er begleitet den amerikanischen Vizepräsidenten Lyndon B. Johnson, als der den West-Berlinern sein Mitgefühl ausspricht und die Garantien der USA unterstreicht und erneuert, und er zeigt sich an der Seite Konrad Adenauers, der sich – immerhin neun Tage nach dem Mauerbau – ein paar Stunden Zeit nimmt, in West-Berlin aufzutauchen.

Willy Brandts Aufstieg geht weiter: 1961 wird er Kanzlerkandidat der SPD, 1964 ihr Vorsitzender, 1966 in der Großen Koalition mit der CDU unter Kurt Kiesinger Vizekanzler und Außenminister und 1969 Bundeskanzler.

Der West-Berliner als solcher – selbst wenn er immer CDU, FDP oder gar nichts gewählt hat – ist glücklich. Einer aus seinen Reihen steht an der Spitze der Bundesrepublik. Von Adenauer und den Bonnern hat er sich immer verraten und verkauft gefühlt – waren es doch die Amerikaner und nicht etwa die Bonner, die ihn vor den roten Horden gerettet haben. Und nun ist ein West-Berliner Bundeskanzler, da ist die Berliner Sache ja in besten Händen! Und der West-Berliner hat Recht mit seinem politischen Instinkt, denn schließlich ist es die Ostpolitik Willy Brandts, die dafür sorgt, dass sich die Sowjetunion beziehungsweise Russland aus Berlin und der DDR zurückzieht, dass seine Insel wieder ein schönes Festland wird.

Der Autor, ein glühender Verehrer Willy Brandts, bedauert, dass es den alten Brauch nicht mehr gibt, herausragende Männer und Frauen mit der Beifügung die Große (wie beispielsweise Katharina) oder der Große (wie Karl, Alexander oder Friedrich) zu ehren. Willy der Große klänge auch nicht gut, zugegeben, also lassen wir es. Aber in Anlehnung an »unseren« Großen Kurfürsten könnte man schon vom Großen Bürgermeister sprechen.

Wie schon angedeutet, muss in diesem Buch ohne verlässliche empirische Befragungen gearbeitet werden, und die Rangfolge und Zahl der Frontstadthelden mit Charisma bleibt der höchst subjektiven Einschätzung eines Einzelnen überlassen, doch zwei Namen sollten an dieser Stelle noch genannt werden: Lucius D. Clay (nicht überraschend) und Jean Ganeval (etwas überraschend).

Lucius D. Clay wird 1897 in Georgia als Sohn eines Anwalts und späteren Senators dieses Bundesstaates geboren, absolviert die noble Militärakademie Westpoint, tritt in das Armee-Ingenieur-Korps ein, wird 1944 stellvertretender Stabschef von General Dwight D. Eisenhower und ein Jahr später, als man Eisenhower zum Oberbefehlshaber der amerikanischen Besatzungstruppen in Deutschland ernennt, dessen Stellvertreter, steigt 1947 zum Militärgouverneur der amerikanischen Besatzungszone und zum Befehlshaber der US-Landstreitkräfte in Europa auf. Ehe die Schwankenden und Wankenden in Westdeutschland und dem westlichen Ausland, die West-Berlin eher opfern würden als einen deutschen Bürgerkrieg oder den Dritten Weltkrieg zu riskieren, zu Worte kommen, ergreift Clay die Initiative. »Würde es zu einem Bürgerkrieg kommen?«, fragt auch Curt Riess. »Niemand wusste es damals genau, nicht einmal General Clay. Der General wusste nur, dass er der Erpressung, die die Russen versuchten, nicht nachgeben durfte. An jenem 24. Juni, an dem sie Berlin abriegelten, erklärte er in Heidelberg: ›Die Russen können uns nicht aus Berlin vertreiben, es sei denn durch Krieg!‹ – Genau vier Tage später landeten die ersten amerikanischen Flugzeuge mit Nahrungsmitteln für Berlin. (…) Als ich ein paar Wochen später General Clay einmal fragte, ob es wahr sei, was ich in einer amerikanischen Zeitung gelesen hatte, nämlich, dass Washington ihm mitgeteilt habe, er könne über so viele Flugzeuge verfügen, wie er brauche (…), sagte er: ›Ich zweifle nicht daran, dass man mir so etwas Ähnliches in Washington gesagt hätte. Aber – ich habe Washington gar nicht gefragt. Ich habe gehandelt. Ich habe die Luftbrücke mit dem begonnen, was mir zur Verfügung stand. Ich musste Washington erst einmal beweisen, dass es geht.

Als ich es bewiesen hatte – war es nicht mehr so schwierig, Hilfe zu bekommen.‹« Am Ende der Blockade sagt man, er sei »ein herrlicher Bursche«. Am 24. Oktober 1950 kommt er noch einmal nach Berlin, um den West-Berlinern die Freiheitsglocke zu übergeben.

Die Sender in der sowjetischen Besatzungszone bezeichnen ihn als »Obergangster«, die West-Berliner aber danken Lucius D. Clay aus vollem Herzen, machen ihn zum Ehrenbürger und geben einer repräsentativen Straße in Dahlem, der Kronprinzenallee, seinen Namen. Nur »Clay«, ohne Vornamen. Zumindest steht es so auf den Straßenschildern, wenn man nach dem Weg fragt, ist es die »Kleeallee«.

Für den West-Berliner sind Brandt und Clay so unsterblich wie Ernst Reuter, darum verzichten wir hier darauf, ihre Todestage anzugeben. Außenstehende mögen es als irrational, albern oder hysterisch bezeichnen, aber der echte West-Berliner bekommt feuchte Augen, wenn er das liest (oder schreibt). Nur wenn man das ganz nüchtern als Tatsache zur Kenntnis nimmt, kann man die Zeit damals verstehen.

An den nächsten Frontstadthelden erinnert sich der West-Berliner weit weniger, und er hat ihm auch nur eine Brücke über den Hohenzollernkanal gewidmet, doch die Tat, die der französische General Jean Ganeval am 18. Dezember 1948 begangen hat, war ganz nach seinem Gusto, hat ihm ungeheuer imponiert und seinen Durchhaltewillen nachhaltig gestärkt.

Jean Ganeval wird 1894 als Sohn eines Generals geboren, nimmt am Ersten Weltkrieg teil, arbeitet von 1919 bis 1921 in der französischen Militärmission in Berlin, geht als Geheimdienstmann nach Syrien, kommt als Militärattaché in die baltischen Republiken und nach Finnland und schließt sich 1943, nach der Kapitulation Frankreichs, der Résistance an. Von der Gestapo verhaftet, landet er im KZ Buchenwald, überlebt die Hölle und übernimmt die Leitung der französischen Militärregierung in Berlin. *Er kam nicht als Rächer*, überschreibt Dorothea Führer einen Beitrag über ihn.

Ganeval, ansonsten aller Emotionen abhold, ist wütend auf den sowjetischen General Kotikow, der ihm versprochen hat, allen Ordnern des Stadthauses, die den bestellten Störenfrieden der SED entgegengetreten waren, freien Abzug in die Westsektoren zu gewähren, und dann sein Wort einfach brach. Als der Franzose die Chance zur Revanche – um nicht zu sagen: Rache – bekommt, zögert er nicht lange. Ihn – wie alle West-Berliner – ärgert es schon lange, dass der Ost-Berliner Rundfunk aus dem im britischen Sektor gelegenen Funkhaus sendet, eine der vielen Berliner Kuriositäten.

Die Sowjets hatten das 1931 eingeweihte Haus des Rundfunks in der Masurenallee 1945, nach der Eroberung Berlins, besetzt und beim Einzug der Westmächte nicht wieder hergeben wollen, denn es war der einzige Sender zwischen Elbe und Oder, der so stark war, dass man ihn auch in ihrer Besatzungszone hören konnte. General Kotikow bekam die mündliche Zusage der Engländer, bleiben zu dürfen, und General Herbert ließ sich von keinem, auch den Amerikanern nicht, dazu bewegen, wortbrüchig zu werden. Die Sache hatte für die Rundfunkmacher von der SED jedoch einen Haken: Sie produzierten ihr Programm, in dem der Westen mit seinen Politikern ständig übel beschimpft und verunglimpft wurde, zwar im sicheren Funkhaus in der Masurenallee, ausgestrahlt wurde es aber von Sendetürmen, die im französischen Sektor standen, und zwar am Rande des ehemaligen Schießplatzes Jungfernheide, auf dem zu Beginn der Blockade Berlins dritter Flugplatz (später Berlin-Tegel) angelegt worden war. Dazu Curt Riess: »(...) die Sendetürme störten die einfliegenden Flugzeuge. Vielleicht störten sie auch nicht, das war Ansichtssache. General Ganeval jedenfalls war der Ansicht, dass sie störten.«

Am 16. Dezember 1948 lässt Ganeval das Gelände um die Sendetürme von französischer Militärpolizei absperren. Sowjetische Zivilisten, die sich in der Nähe befinden, stürzen zum Telefon, um Hilfe herbeizuholen. Aber die Leitungen sind bereits zerschnitten, und die Franzosen nehmen sie fest. »Wie konnten meine Soldaten wissen, dass es sich um Russen handelte?«, fragt General Ganeval lächelnd, als er mit Curt Riess darüber spricht, und der fährt dann fort: »Um zehn Uhr legten die Pioniere die Sprengladungen und arbeiteten eine Stunde und 45 Minuten mit äußerster Konzentration. Um 11 Uhr 45 erfolgte die Detonation. – Sie war weit ins Stadtinnere von Berlin zu hören. Langsam, wie kenternde Schiffe, senkten sich die Türme.«

Der Chef der Informationsabteilung der sowjetischen Militärregierung, Oberst Tulpanow, bekommt vor Wut eine Gallenkolik, die Russen aber unternehmen nichts. Die West-Berliner freuen sich ein Loch in den Popo.

Schließen wir mit der Anmerkung, dass der West-Berliner sich selber sein Homer ist und das Heldenepos seiner Stadt wunderbar zu erzählen weiß, wobei West-Berlin gegenüber Troja den entscheidenden Vorteil hat, nicht besiegt zu werden und unterzugehen.

Sicher, dieser Vergleich ist so schief, wie ein historischer Vergleich nur sein kann, zumal ja in diesem Fall die Belagerer die Bösen sind und nicht wie bei Homer die Guten. Und noch etwas anderes unterscheidet West-Berlin ganz wesentlich von Troja: Die Belagerer bedienen sich keines hölzernen Pferdes – der in West-Berlin agierende Ableger der SED, die SEW, ist nicht einmal ein Papiergaul –, um die Stadt in die Knie zu zwingen, sie schützen das Objekt ihrer Begierde absurderweise vor ihren eigenen Aggressionen, indem sie es einmauern.

Dem Osten trotzen (II): Das Eingemauertsein

»Hilfe, ich bin eingeschlossen, ich kann nicht mehr raus!« Solch klaustrophobische Angst führt bei den Menschen, die von ihr befallen sind, dazu, dass sie unter Atemnot leiden, Schweißausbrüche bekommen, zu zittern beginnen und über heftige Herzschmerzen klagen. Aber noch schlimmer: Eingesperrte Tiere zeigen Hospitalismusschäden, das heißt, sie schaukeln nur noch mit dem Kopf und sind depressiv und extrem antriebsarm; und sperrt man jüngere Menschen über längere Zeit ein, können sie wie Kaspar Hauser enden.

Ganz schrecklich ist auch ein Beispiel des Eingesperrtseins, das sich in unserer näheren Umgebung zugetragen hat und von Theodor Fontane überliefert wurde. Um 1310 kommt es auf der Eldenburg in der nördlichen Prignitz, also auf dem Gebiet der späteren SBZ beziehungsweise DDR, zu einem Brudermord im Hause Quitzow. Kurt von Quitzow, neidisch auf den kostbaren Silberring seines Bruders Hans, lockt diesen in die sogenannte Judenklemme, ein großes Hufeisen im Turmgemach, in das das Opfer mit einer verschließbaren Eisenstange gepresst wird, und kann danach angeblich den Schlüssel nicht mehr finden …

Ist der Schlüssel die Treppe hinuntergefallen? Kurt sieht hinunter. »›Vielleicht dass er unten liegt.‹ Mit diesen Worten stieg er hinab und nahm die Leiter und versteckte sie hinter Strauchwerk und Gebüsch und horchte, bis das leise Wimmern, das er vernahm, ihn von seiner Horcherstelle vertrieb. – Endlich, den dritten Tag, war Hans seiner Qual erlegen und Kurt streifte kaltblütig den Silberring von der Hand des Toten, den Toten selbst aber begrub er im Sande nahe dem Turm.«

So also will mich mein Bruder aus dem Osten auch umbringen, denkt sich der West-Berliner und weiß, dass der Silberring für den Reichtum seiner (Halb-)Stadt steht. Da mögen sie auch alle schreiben, dass der Osten die Mauer zwischen den beiden Stadthälften nur errichtet, den Stacheldraht um West-Berlin herum nur gezogen hat, um das »Ausbluten der Zone«, also die Massenflucht in den Westen, zu verhindern.

»Eine Schranke von Stacheldraht wurde quer durch eure Stadt gezogen«, lässt der US-amerikanische Vizepräsident Lyndon B. Johnson die West-Berliner wissen. »Sie hat für euch und, was noch wichtiger ist, für eure Brüder im Osten lebenswichtige, menschliche Bande zerrissen, Bande, die das Leben von Familien und Freunden in dem langen Leben dieser (…) Stadt miteinander verknüpfen. Ich verstehe den Schmerz und die Erbitterung, die ihr fühlt.«

Der West-Berliner ist endlich das, was er immer so gern werden wollte: der größte Märtyrer aller Zeiten. Und selbst wenn er Tante Malchen in Marzahn jahrelang wegen

Am 18. August 1961 wird die Mauer an der Lindenstraße errichtet

ihrer Flatulenz verspottet und wegen ihres Geizes gehasst hat, jetzt, wo er sie nicht mehr sehen kann, ist sie ihm der liebste Mensch auf Erden.

Getreu seiner Erbmasse misst der West-Berliner ganz genau das aus, was ihn einschnürt: die Grenzbefestigungen der DDR. Sie haben eine Länge von 155 Kilometern, davon entfallen 43,1 Kilometer auf Ost-Berlin und 111,9 Kilometer auf die »Zone«. Die Wand aus 3,50 Meter hohen Betonplatten ist 106 Kilometer lang, der Metallgitterzaun außerhalb des bebauten Stadtbereichs 67 Kilometer. An wichtigen Stellen gibt es bis zu 5 Meter tiefe Panzersperren und Kfz-Gräben mit in den Boden gerammten Eisenträgern, so genannten »Spanischen Reitern«. 302 Beobachtungstürme und 20 Bunker werden errichtet.

Die Grenzbefestigungen sind also gigantisch und verschaffen ganz Berlin einen beachtenswerten Eintrag ins Weltkulturerbe und in die Geschichtsbücher aller maßgebenden Völker. Kein *Ploetz* wird mehr ohne das Stichwort Mauer auskommen. Welch ein Mega-Event!

Nun ohne Spott und Ironie: Selbstverständlich leidet der West-Berliner unter der Tatsache, eingesperrt, eingeschlossen zu sein, obwohl es ja Notausgänge gibt: die Transitauto- und Eisenbahnen und dazu die Luftkorridore für alle, die fürchten müssen, bei den Kontrollen durch die DDR-Organe hoppgenommen zu werden, oder mit einem Durchreiseverbot belegt sind. Und natürlich – dies im wahrsten Sinne des Wortes – bedrückt es ihn bis hin zu psychosomatischen Erkrankungen und zum Suizid, dass er Menschen, die ihm ans Herz gewachsen sind, nicht mehr in die Arme schließen darf. Er macht sich Luft, indem er die S-Bahn, die der DDR-Regie untersteht, nicht mehr benutzt und überall Schilder mit der Aufschrift »Schandmauer« anbringt.

Nie aber kommt er auf die Idee, zu kapitulieren und Bürger der DDR zu werden beziehungsweise in der »politisch selbständigen Einheit Westberlin« zu leben. Das könnte er ganz einfach haben, indem er die SEW wählt und sie bittet, seinem Beitritt zum Währungsgebiet Ost zuzustimmen. Den Westmächten, ja mit heiligen Eiden auf demokratische Prinzipien eingeschworen, würde nichts weiter übrig bleiben, als ihre Koffer zu packen und mit ihren Panzern friedlich gen Westen zu rollen.

Die Mauer macht den West-Berliner irgendwie krank, sosehr er sie auch zu verdrängen sucht. Viele Straßen enden in Sackgassen, U- und S-Bahn fahren ohne Halt unter Ost-Berlin hindurch, jeder Geisterbahnhof ist eine neue Qual, und man kann nicht mehr die Theater und Museen besuchen, in die man so gern gegangen ist, oder zum Müggelsee fahren. Aus und vorbei. Ins Umland darf der West-Berliner ja schon lange nicht mehr. Immer nur Grunewald und Wannsee, will er »in't Jrüne« hinaus, das hängt ihm zum Hals raus. Eine Art Lagerkoller stellt sich ein.

Aber der West-Berliner lässt sich nicht gehen, er bleibt hart, er macht das Beste aus der Sache. Und er ist auch so clever, aus seinem Leiden einigen Gewinn zu ziehen. So, wie es viele Kranke tun. Die Mauer entlastet ihn von Verantwortung und rechtfertigt, dass er manchmal nicht so viel leistet, sie sorgt für die erhöhte Zuwendung durch

Kontaktaufnahme zu Angehörigen im Ostteil nach dem Mauerbau, 1961

seine Umwelt, und sie verschafft ihm Prestige-Gewinn durch gezeigtes Leid.

Das »Notopfer Berlin« (bis 1957) – ein vorweggenommener Solidaritätszuschlag –, die Einnahmen aus der erhöhten Kaffeesteuer und amerikanische Kredithilfen sorgen dafür, dass West-Berlin den monatlichen Fehlbetrag von 88,5 Millionen DM in seinem Haushalt ausgleichen kann. Insgesamt wird es so alimentiert, drastisch gesagt, wird dem West-Berliner so viel Puderzucker in den Arsch geblasen, dass sich die (Halb-)Stadt zu einem vorbildlichen Gemeinwesen entwickeln kann, fast so schön wie in den Vorstellungen der sozialistischen Utopien, wie sie sich More, Bacon und Campanella ausgedacht haben.

Das eingemauerte West-Berlin ist der Sonnenstaat schlechthin, eine Idylle, und der West-Berliner ein (Über-) Lebenskünstler, wie ihn die Welt noch nicht gesehen hat. Alle Völker schauen auf ihn. Herz, wat willste mehr!

Die Blockade hat den West-Berliner traumatisiert, und damit er für mögliche weitere Blockaden bestens gerüstet ist, spielt das Land Berlin Eichhörnchen und legt die sogenannte Senatsreserve an, das heißt, an rund 250 Stellen werden riesige Mengen an Lebensmitteln, Brennstoffen, Kleidungsstücken, Schuhen, Fahrrädern, Toilettenpapier und Zahngold eingelagert. Ist die Haltbarkeit von tiefgefrorenen Schweinehälften, Hülsen- und Trockenfrüchten, Butter oder Konserven abgelaufen, werden sie zu niedrigen Preisen auf den Markt geworfen und durch neue Produkte ersetzt. Die auf Lagerplätzen von der Größe eines Fußballplatzes gestapelten Briketts entzünden sich bei sommerlicher Hitze mitunter selbst, und dann hat die Feuerwehr tagelang gegen den Schwelbrand anzukämpfen und muss alles, was mühsam aufeinander geschichtet worden ist, auseinanderreißen, um an die Brandnester heranzukommen.

Zur Bewachung der Lager, aber auch anderer neuralgischer Punkte der Frontstadt setzt man Menschen ein, die schon immer gern Polizisten geworden wären und es nun in der Freiwilligen Polizeireserve (FPR) ehrenamtlich sein können. Gehört der Bruder in Ost-Berlin einer Betriebskampfgruppe an, ist bei Familiengeburtstagen für die nötige Würze gesorgt.

West-Berlin ist Frontstadt, und seit es Soldaten und belagerte Festungen gibt, weiß man, dass die Kämpfenden bei Laune gehalten werden müssen. Im Falle WB geschieht das durch weltweit beachtete Streicheleinheiten wie die große Kennedy-Rede, vor allem aber durch die Berlin-Zulage, das heißt, man hatte immer etwas mehr in der Lohntüte als der Bundesbürger. Diese »Zitterprämie« – wie das »Notopfer Berlin« eine Art früher Solidaritätszuschlag – glaubte sich der West-Berliner aber auch redlich verdient zu haben.

Viel Feind, viel Ehr

Theodor Fontane, zwar in Neuruppin (später DDR) auf die Welt gekommen, von seinem langjährigen Wohnsitz Potsdamer Straße her aber West-Berliner, hat es auf den Punkt gebracht: »Hundert Nadelstiche regen mehr auf als ein Kolbenstoß.« Und was diese Nadelstiche betrifft, da erweisen sich Moskau, Karlshorst und Pankow als Weltmeister. Ganz subtil, wenn sie den West-Berliner bei der Grenzkontrolle auffordern, sein linkes Ohr freizumachen, oder ihn zwingen, seine Tempotaschentücher aufzublättern, um akribisch nachzusehen, ob da nicht Codewörter für den CIA drin verborgen sind, oder richtig brachial, wenn sie bei politischen Veranstaltungen, die ihnen nicht schmecken, ihre Düsenjäger über den Reichstag donnern lassen.

Unter ideologischem Dauerbeschuss steht der West-Berliner ohnehin, doch in regelmäßigen Abständen kommen noch Aktionen hinzu, die ihn zugleich in Weißglut versetzen und ein wenig erzittern lassen – ist doch zu befürchten, dass eine Eskalation das Aus für ihn als Gattungswesen bedeuten könnte.

Im Mai 1949 weigert sich die Reichsbahn, die der

sowjetzonalen Verwaltung untersteht, ihre West-Berliner Bediensteten in Westgeld zu entlohnen. Als diese in den Streik treten, schickt man Bahnpolizisten und andere bewaffnete Streikbrecher aus dem Osten nach West-Berlin. Der West-Berliner ist im Nu auf hundert, denn schon immer hat er die Ost-Reichsbahn als Trojanisches Pferd betrachtet. Der West-Magistrat bittet die Westalliierten um Erlaubnis, und die tapferen West-Berliner Polizeibeamten rücken aus. Nicht weil sie zu feige sind, sondern um die S-Bahnhöfe in den Westsektoren unter ihre Kontrolle zu bringen. Das gelingt dann auch.

Ende Mai 1950 fürchtet man, dass die SED Hunderttausende von FDJlern, die sich in Ost-Berlin zum »Deutschlandtreffen« versammelt haben, auch in West-Berlin aufmarschieren und demonstrieren lässt, und trifft umfangreiche Sicherheitsvorkehrungen. Doch der Einmarsch der Blauhemden wird abgeblasen.

Am 1. Februar 1951 besetzen Angehörige der DDR-Volkspolizei den Ortsteil West-Staaken, der zum Bezirk Spandau, also zum britischen Sektor, gehört. Formal sind sie im Recht, denn das besetzte Gebiet ist früher gegen ein Stück SBZ-Land getauscht worden, das die Engländer für ihren Flugplatz Gatow benötigten. 600 Familien müssen ins West-Berliner Kernland umgesiedelt werden.

Am 26. Mai 1952 kappen Ost-Berliner Postbedienstete die meisten Telefonverbindungen zwischen den beiden Hälften der Stadt, und einen Tag später werden nahezu alle Straßenverbindungen zwischen West-Berlin und dem Umland unterbrochen. Den West-Berlinern wird generell verboten, in die DDR einzureisen. Mit wenigen Ausnahmen ist es dem West-Berliner nun unmöglich, seinen Patenjungen in Potsdam, seinen Neffen in Nauen, seine Oma in Oranienburg, seinen Bruder in Bernau oder seine Schwester in Königs Wusterhausen zu besuchen. Das ist schon kein Nadelstich mehr, das ist ein Kolbenhieb, der fürchterlich schmerzt. Der West-Berliner beginnt die zu hassen, die das zu verantworten haben, und wenn er heute die Nachfahren der SED und ihre damaligen Mitglieder nicht sonderlich mag, so liegt das auch in dieser Maßnahme begründet. Schon immer hat er die Mark Brandenburg mit ihren Wäldern, Flüssen und Seen geliebt, und nun ist sie für ihn schwerer zu erreichen als das Amazonasbecken oder der Rio Pecos.

Aufgewühlt ist der West-Berliner auch, als der Polizeioberwachtmeister Herbert Bauer am ersten Weihnachtstag des Jahres 1952 an der Grenze zwischen Frohnau und dem DDR-Kreis Oranienburg durch Schüsse aus einer sowjetischen Maschinenpistole getötet wird.

Ins Mark trifft ihn jeder Zwischenfall in den Luftkorridoren, denn diese sieht er seit der Blockade als seine eigentlichen Lebensadern an. Am 29. April 1952 greifen zwei sowjetische Düsenjäger vom Typ Mig 15 über Dessau eine französische Passagiermaschine an. 89 Geschosse durchschlagen die Bordwand, und fünf Passagiere werden schwer verletzt, doch der Pilot kann die Maschine noch sicher in Tempelhof landen. Der zivile Luftverkehr wird für kurze Zeit eingestellt.

Am 12. März 1953 wird ein britisches Militärflugzeug

ohne Warnung im Luftkorridor nach Hamburg abgeschossen, wobei die siebenköpfige Besatzung den Tod findet; und am 20. September 1954 behindern zwei sowjetische Düsenjäger eine Maschine der BEA.

Immer wieder nerven die DDR-Behörden den West-Berliner damit, dass sie die Straßenbenutzungsgebühren erhöhen, so zum Beispiel am 23. März 1955, als die Gebühren für Pkws verdreifacht und für Lkws verelffacht werden. Und das bei zumeist fürchterlich schlechten Fahrbahnen.

Als einen Akt gefährlicher Körperverletzung sieht es der West-Berliner auch an, dass er den Dreck schlucken muss, den ihm die DDR-Schornsteine ringsum in die (Halb-)Stadt blasen. Am 18. Dezember 1981 wird zum dritten Mal innerhalb eines Jahres Smog-Alarm ausgerufen.

Aber nicht genug damit, dass sich der West-Berliner der dauernden Attacken der Sowjets und der DDR zu erwehren hat, er liegt auch mit seinen eigenen Schutzmächten immer wieder im Clinch. So hängt er vor Wut an der Decke, wenn er liest, dass an sich jedem West-Berliner, der unterwegs ohne Ausweis angetroffen wird, die Todesstrafe droht. Es gilt das Besatzungsrecht, und manchmal fühlt sich der West-Berliner recht- und staatenlos. Unvermeidlich ist es auch, dass sich einige der alliierten Soldaten danebenbenehmen, und wenn dann die GIs von der eigenen und nie zimperlichen Militärpolizei durch die Straßen gejagt werden, kommt wenig Freude auf. Böses Blut gibt es auch, als die Franzosen 1947 die gerade wieder aufgebauten Borsig-Werke stilllegen und demontieren wollen. Im Januar 1953 flucht man über die Briten, als sie

100 Ferngläser, die man für die West-Berliner Polizei und ihre Arbeit an der Zonen- und Sektorengrenze angeschafft hat, als »Kriegsgerät« beschlagnahmen.

Damit nicht genug. Ohne dass das nun schon als Verfolgungswahn missverstanden werden soll, fühlt man sich doch auch oft genug von Bonn feindselig behandelt. Der West-Berliner glaubt, dass diese Vorbehalte und Antipathien eine lange Tradition haben. Die Menschen an Rhein und Mosel, von den Römern zivilisiert, haben schon immer verächtlich auf die Barbaren östlich der Elbe herabgeblickt – ebenso wie später auf die tumben Preußen. Und als Berlin-Feind Nummer eins hat man Konrad Adenauer ausgemacht. Man wirft ihm vor, für sein großes Ziel, für die Westintegration seines Teilstaates, die deutsche Einheit und insbesondere Berlin geopfert zu haben. Und als Konrad Adenauer am 22. August 1961 – also erst neun Tage nach dem Mauerbau, weil ihm sein Wahlkampf wichtiger ist – endlich zu einem Kurzbesuch in die Frontstadt kommt, da sagt der West-Berliner: »Nu scheiß ick ooch druff!« Als man später den Kaiserdamm nach ihm benennt, demoliert der West-Berliner die aufgehängten Straßenschilder so lange, bis die Obrigkeit sie wieder abschrauben muss. Auch eingefleischte CDU-Mitglieder und -Wähler klatschen Beifall. Adenauer bekommt einen Platz am Kudamm, der gar keiner ist, sondern nur eine lumpige Kreuzung mehrerer Straßen, und selbst das erscheint dem West-Berliner noch als entschieden zu viel. Man kann sagen, er hasst Adenauer nicht viel weniger als Ulbricht und Honecker.

Das zweite große Hassobjekt des West-Berliners ist der Deutsche Fußballbund (DFB) in Frankfurt. Kaum ein Länderspiel vergeben sie nach West-Berlin, und wenn, dann sind es oft nur unbedeutende Gegner, die im Olympiastadion auflaufen. Berliner Spieler werden – mit wenigen Ausnahmen – aus übergeordneten Gesichtspunkten grundsätzlich nicht in die Nationalmannschaft berufen, und das Endspiel der WM 1974 findet nicht in Berlin statt, sondern in München, was der West-Berliner als Verrat an Berlin wie an seinem deutschen Vaterland empfindet. Und als man Hertha BSC 1965 aus der Bundesliga ausschließt, kocht die Volksseele ganz besonders, denn man sieht allenthalben Vereine, die genauso viel Dreck am Stecken haben wie die Hertha, aber ungeschoren oder mit viel milderen Strafen davonkommen.

Nun liegt es aber in der Natur des West-Berliners, aus der Tatsache, dass er so viele Neider, Gegner und Feinde hat, etwas Positives zu machen. Wenn sie ihn alle nicht unterkriegen können, dann muss er einzigartig sein, der Größte eben. Aus jeder Attacke schöpft er neue Kraft, erst Angriff und Kampf geben ihm die Chance, zu wachsen und die Freuden des Sieges auszukosten. Per aspera ad astra. Und könnte er Theodor Fontane um ein hymnisches Gedicht bitten, wie der ja viele zum Thema Preußens Gloria verfasst hat, dann würde sich das, wenn der Alte aus der Potsdamer Straße den Auftrag annähme, in etwa so anhören:

Loblied auf den West-Berliner

Es leb' der Kalte Krieg! Im Freiheitskämpferleben
Da stählet sich der Mut!
Frei nur kann die Kraft im Freiheitskampf sich heben;
Er macht den West-Berliner gut.

Der Frontstadtkampf ist gut! Er weckt die Kraft der Jugend
Und zieht in seinem Schoß
In West-Berlin so manchen Sinn für hohe, wahre Tugend
Zu schönen Taten groß.

Es leb' des West-Berliners Kampf! Wo edle Kraft nur sieget,
Und er göttergleich Unsterblichkeit erringt,
Wo sein Ruhm zu anderen Kontinenten flieget,
Auf dass die ganze Welt sein Loblied singt.

Aber nicht Fontane ist es ja, der die Heiligsprechung des West-Berliners besorgt, sondern ein viel größerer, nämlich *der* Titan der westlichen Welt.

Die Heiligsprechung durch John F. Kennedy

Eigenlob stinkt. Das weiß auch der West-Berliner, und so giert er mit höchster narzisstischer Bedürftigkeit danach, dass andere das mit dem Loben besorgen. Doch nicht viele tun ihm diesen Gefallen, am allerwenigsten die Bundespolitiker, die immer schwer an ihren Bedenken tragen, Moskau und Pankow zu reizen, aber auch, es sich mit ihrem Wahlkreis zu verderben. Immer nur Ärger mit diesen Berlinern!

Dann aber kommt der 26. Juni 1963, und der West-Berliner sieht so verzückt aus, als sei ihm eben der Heiland erschienen. Nun, das nicht, obwohl er das eigentlich für angebracht und angemessen gehalten hätte, aber immerhin betritt der mächtigste Mann der Welt West-Berliner Boden, der Mann, den Millionen vergöttern.

John F. Kennedy wird am 29. Mai 1917 als zweites von neun Kindern des Unternehmers und Diplomaten Joseph P. Kennedy in Brookline, Massachusetts, geboren. Nach dem Schulbesuch in New York studiert er an der London School of Economics, in Princeton, in Harvard und in Stanford. Während des Zweiten Weltkriegs übernimmt er im Südpazifik das Kommando eines Schnellboots, das später versenkt wird, und steigt zum nationalen Helden auf. Nach Beendigung seines Militärdienstes berichtet er als Journalist von der Potsdamer Konferenz der Siegermächte und geht danach selber in die Politik. 1952 wird er in den Senat gewählt. Seine Heirat mit Jaqueline Bouvier bringt ihm weitere Popularität. Am 20. Januar 1961 wird er als 35. Präsident der USA vereidigt. Im Herbst 1962 weicht er der Konfrontation mit der UdSSR nicht aus und zwingt Chruschtschow, seine Raketen aus Kuba abzuziehen.

Am 26. Juni 1963 landet John F. Kennedy auf dem Flughafen Berlin-Tegel. Zu seinen Begleitern gehört neben dem Außenminister Dean Rusk auch General Lucius D. Clay, der Initiator der Luftbrücke. Nicht nur die drei westlichen Stadtkommandanten und der Regierende Bürgermeister Willy Brandt sind zur Begrüßung der amerikanischen Gäste angetreten, sondern auch Bundeskanzler Konrad Adenauer. Im offenen Wagen fahren Kennedy, Adenauer und Brandt durch die Stadt. 52 Kilometer sind es, und überall stehen jubelnde Menschen. 1,4 Millionen, schätzt man. Der West-Berliner ist verzückt wie nie zuvor und niemals wieder bis zur Maueröffnung und dem Ende des Ostblocks. Hat er viel Karl May gelesen, scheint es ihm so, als würden Winnetou, Old Shatterhand und Old Firehand Seite an Seite durch die Prärie reiten. Mit solchen Anführern, das weiß er, ist er unbesiegbar, können ihm die teuflischen Kommantschen, Kiowa und Sioux nichts mehr anhaben. Der Höhepunkt des Kennedy-Besuches ist seine Rede vor dem Schöneberger Rathaus. 400 000 sind auf

John F. Kennedy bei seinem Berlin-Besuch im Juni 1963

dem Platz versammelt, der später seinen Namen tragen wird, und der Rest der West-Berliner sitzt zu Hause vor dem Fernseher. Alles, was Kennedy sagt, geht dem West-Berliner runter wie Öl. Und er ist derart von seiner eigenen Rührung übermannt, dass er nur Bruchstücke der Rede richtig wahrnimmt:

Meine Berliner und Berlinerinnen!
Ich bin stolz, heute in Ihre Stadt zu kommen als Gast Ihres hervorragenden Regierenden Bürgermeisters (...). Vor zweitausend Jahren war der stolzeste Satz, den ein Mensch sagen konnte, der: »Ich bin ein Bürger Roms!« Heute ist der stolzeste Satz, den jemand in der freien Welt sagen kann: »Ich bin ein Berliner!« (...) Ich möchte Ihnen im Namen der Bevölkerung der Vereinigten Staaten, die viele Tausende Kilometer von Ihnen entfernt auf der anderen Seite des Atlantiks lebt, sagen, dass meine amerikanischen Mitbürger sehr stolz darauf sind, mit Ihnen zusammen selbst aus der Entfernung die Geschichte der letzten 18 Jahre teilen zu können. Denn ich weiß nicht, dass jemals eine Stadt 18 Jahre lang belagert wurde und dennoch lebt mit ungebrochener Vitalität, mit unerschütterlicher Hoffnung, mit der gleichen Stärke und mit der gleichen Entschlossenheit wie heute West-Berlin. (...) wenn der Tag gekommen sein wird, an dem alle die Freiheit haben und Ihre Stadt und Ihr Land wieder vereinigt sind, wenn Europa geeint ist und Bestandteil eines friedvollen und zu höchsten Hoffnungen berechtigten Erdteils, dann können Sie mit Befriedigung von sich sagen, dass die Berliner und diese Stadt Berlin 20 Jahre lang die Front

gehalten haben. Alle freien Menschen, wo immer sie leben mögen, sind Bürger dieser Stadt West-Berlin, und deshalb bin ich als freier Mann stolz darauf sagen zu können: »Auch ich bin ein Berliner!«

Welch prophetische Worte, was die Wiedervereinigung Deutschlands und die EU mit ihrer Osterweiterung betrifft! Wenn Europa nun im Glanze seines Glückes blüht, sich seine Völker nicht mehr zerfleischen, sondern nur noch in Brüssel um die Fleischpreise streiten, dann haben sie es letztendlich dem West-Berliner zu verdanken. Er weiß es: Die Welt konnte nur genesen durch ihn und sein Wesen.

Besuche in Ost-Berlin – Zwischen Mitleid und Herablassung

Für den West-Berliner ist jeder Besuch in Ost-Berlin ein Event. Eigentlich ist ihm klar, dass er von seiner Expedition nach Pankow, Weißensee oder Köpenick nicht heimkehren wird – oder wenn doch, dann erst nach zehn Jahren, die er in DDR-Gefängnissen oder in Sibirien wird zubringen müssen. Schon beim kleinsten Vergehen auf dem Territorium der Hauptstadt der DDR, beispielsweise dem Pinkeln gegen einen volkseigenen Laternenpfahl, steht, so die Überzeugung des West-Berliners, mit Sicherheit ein Stasi-Mitarbeiter hinter ihm und stellt ein Ultimatum: »Entweder drei Jahre Bautzen – oder Sie arbeiten für uns!« Und wenn man dann gar zwischen Weidendammer Brücke und Müggelsee Ausweis und Passierschein verliert! Die würden einem bestimmt eine neue Identität als Silvio Lommatzsch, Leipzig-Connewitz, verpassen und einen anschließend als Fließbandarbeiter in den VEB Roter Schnuller stecken.

Der Ausflug nach Ost-Berlin oder in die richtige DDR war also ein Spiel mit dem Tod, zumindest aber mit dem Feuer, und es war für den West-Berliner angebracht, in der Woche davor sein Testament zu machen und zum Notar zu tragen. Zumindest aber rief man vorher bei Freunden an und bat sie um eine kleine Gefälligkeit: »Wenn ich mich bis 23 Uhr 30 nicht bei dir gemeldet habe, ist etwas passiert, dann alarmiere bitte den Untersuchungsausschuss freiheitlicher Juristen.«

Solche Ängste sind durchaus mit dem Heldenstatus des West-Berliners zu vereinbaren, denn auch ein Übermensch ist nur ein Mensch. Dass er trotz seiner Ängste immer wieder nach Ost-Berlin und in die DDR reiste, präzise, in diese einreiste, erklärt sich zu einem hohen Maß aus der damit verbundenen Lust – der Lust daran, sich einmal so richtig überlegen fühlen zu dürfen. Was den West-Berliner trug, war also das, was die Psychologie später mit dem schönen Wort Angstlust bezeichnen sollte.

Der Kampf der Systeme war für den West-Berliner schon entschieden, bevor er so richtig begonnen hatte: Er war der Sieger, der Ost-Berliner war der Verlierer. Sein Überlegenheitsgefühl basierte auf zwei Prämissen:

Wir haben die Freiheit und die Demokratie.

Und wir haben den wesentlich höheren Lebensstandard.

Daraus ist alles andere abzuleiten, auch das Mitleid mit den – so die übliche Wendung in den Medien – »Brüdern und Schwestern im Osten«. Fuhr der West-Berliner nach Ost-Berlin oder in die DDR, dann war er immer schwer bepackt. Geschenkt wurde nahezu ausschließlich das, was »die drüben« nicht zu kaufen bekamen, zumindest nicht in ausreichender Qualität: Waschpulver, Schokolade, Bananen, Apfelsinen und Cognac, aber auch Schrauben,

Nägel, Dachpappe und moderne Kleidungsstücke. Die zog man dann schon mal unter der eigenen Kleidung an, um dem Ost-Zoll ein Schnippchen zu schlagen. Saß der West-Berliner dann beim Mittagessen mit seinen Lieben aus dem Osten zusammen, kam er alsbald auf seine letzte Urlaubsreise zu sprechen, denn Freiheit war zuerst als Reisefreiheit definiert. Fotos mitzunehmen war dem West-Berliner nicht untersagt, und so wurde denen, die nur an die Ostsee und bestenfalls in die ČSSR oder nach Ungarn fahren durften, Mallorca, Lanzarote, die Karibik und Thailand nahegebracht.

Gern wurde die Überlegenheit des Westens auch am Auto festgemacht. Mercedes, BMW, Audi und VW gegen Wartburg und Trabi, das Schlaglochsuchgerät – das war so in etwa Formel I gegen Pferdekutsche. Entsprechend beliebt waren die Trabi-Witze, wie etwa:

Mit dem Trabi ist den Ingenieuren aus Zwickau eine geniale Konstruktion gelungen: Der erste Kofferraum ohne Auto.

Warum hat der Trabi eine heizbare Heckscheibe? – Damit man beim Schieben warme Hände hat.

Warum gibt es den Trabi nicht in gelb? – Damit die Leute nicht denken, er sei ein Briefkasten.

Warum gibt es den Trabi nicht in schwarz? – Damit die Leute nicht denken, es wird ein Brikett über die Straße geschoben.

Warum konnten sich Sex-Shops in der DDR bisher nicht durchsetzen? – Weil Trabifahren besser wirkt als jeder Vibrator.

Wie fühlt sich ein VW-Motor in einer Trabikarosserie? – Wie ein Herzschrittmacher in einer Mumie.

Vieles in Ost-Berlin fand der West-Berliner putzig, wenn nicht gar albern, und an manchen Wendungen oder Markennamen konnte er sich regelrecht hochziehen. Hatte er sich doch schon als Kind, gleich nach Kriegsende, als in Ost und West noch die gleichen Schulhefte verteilt wurden, an Sinnsprüchen der Agitprop-Abteilung Bildung beölt:

Mein Bruder ist ein Traktorist
in einem Dorf in Sachsen.
Ich werde auch mal Traktorist,
doch erst muss ich noch wachsen.

Später höhnte er dann über ein Gedicht, das man Johannes dem Erbrecher – also Johannes R. Becher – zuschrieb:

Das Bergwerksunglück.
Rumpeldipumpel – futsch ist der Kumpel.

Aß der West-Berliner in einer Gaststätte, lachte er sich scheckig darüber, dass er zu warten hatte, bis er platziert wurde. Für Heiterkeit sorgte auch Alekto, das grauschwarze Aluminiumbesteck. Die Gabel verbog sich, wenn sie mit einer Sättigungsbeilage in Berührung kam, und auf dem Messer hätte man nach Rom reiten können. »Wir haben ja alles von WMF oder aus Solingen.«

Wurde ihm eine Club-Cola oder ein »Blauer Würger«, ein Wodka mit blauem Etikett, serviert, glaubte er, man wolle ihn vergiften. Dieser Eindruck verstärkte sich noch, wenn er zu Cafésan, dem Kaffeeweißer, gegriffen hatte und sich das Pulver nicht auflösen wollte. Rauchte man neben ihm Karo, Spitzname »getrocknete Lumpen«, bekam er auch noch einen Asthmaanfall.

So ganz richtig aber hatte der West-Berliner erst zu leiden, wenn er auf die Toilette musste und vergessen hatte, für die berühmten »hinterlistigen Zwecke« genügend Tempotaschentücher einzustecken, denn:

Warum war das Klopapier in der DDR so rauh? – Damit auch der letzte Arsch rot wurde.

Witzig fand der West-Berliner die vielen Sprüche und Parolen, die seine östlichen Kommunikationspartner locker in die Gespräche einflochten: »Freundschaft!«, »Greif zur Feder, Kumpel!«, »Großes Pionierehrenwort!«, »Mach mit, mach's nach, mach's besser!«, »So wie wir heute arbeiten, werden wir morgen leben«, »Von der Sowjetunion lernen, heißt siegen lernen«.

Vieles im Osten hatte Namen, die dem West-Berliner furchtbar komisch vorkamen. Die Zigaretten hießen nicht, wie es richtig gewesen wäre, Peter Stuyvesant oder HB, sondern F6, Cabinet und Karo, und Schallplatten trugen nicht das *Label* Polydor oder Elektra, sondern wurden unter dem *Namen* Amiga vertrieben. Für den West-Berliner war klar, dass etwas minderwertig sein musste, wenn es so hieß. Heiterkeit lösten auch aus: Barkas, ein Kleintransporter, der Broiler, ansonsten als Brathähnchen bezeichnet, Heiko, der Füllfederhalter aus Wernigerode, Im Nu, der Kaffee-Ersatz, Kathi, die Fertigbackmischung, die KIM-Eier (KIM = Kombinate Industrielle Mast), Klarofix, das Fensterputzmittel, Kriepa, das Papiertaschentuch, Letscho, das sozialistische Gegenstück zum Ketchup, der dunkle Othello-Keks, Pramo, die Modezeitschrift (Pramo = Praktische Mode), Sprelacart, die kunststoffbeschichtete Hartfaserplatte, die Soljanka, die ukrainische Suppe, das Würzfleisch, zu Deutsch: Ragout fin, und Wofasept, das antiseptische Reinigungsmittel aus dem VEB Chemiekombinat Wolfen, von dem der West-Berliner behauptete, es würde der DDR den spezifischen Geruch verleihen. Den Spitzenwert erreichten aber »Plaste und Elaste aus Schkopau« und MIFA, die Fahrradmarke aus Sangershausen. Da reimten selbst die Radler Ost:

Wer MIFA fährt,
fährt nie verkehrt,
weil MIFA überhaupt nicht fährt!

Für den West-Berliner schwer zu fassen war auch, warum der DDRler nicht Recycling sagte, wie die ganze moderne Welt es tat, sondern die Wiederverwertung SERO nannte (herrührend von Sekundärrohstoffe). Und man kriegte sich gar nicht mehr ein, wenn man Begriffe hörte wie Bruderland, Bückware, Elternaktiv, EOS, Feierabendheim, Hausvertrauensmann, Jahresendfigur, Jahresendprämie, Jugendfreund, Kampfgruppe der Arbeiterklasse, Kreiskulturhaus, Matheolympiade, Planübererfüllung, Reisekader, Rinderoffenstall, Sättigungsbeilage, Singebewegung, Spartakiade, Veteranenclub oder Völkerfreundschaft.

Und wenn sich der West-Berliner über eine Wortschöpfung der Ost-Berliner ganz besonders aufregte, dann war es das »Kollektiv«. »Team« hieß das! Deutscher, sprich deutsch! »Für alles müsst ihr was anderes sagen.« Das hieß Astronaut und nicht Kosmonaut. »Und erst eure Fußballvereine! Dynamo, das ist doch abartig!« Nicht besser waren Lok Leipzig, Robotron Sömmerda, Wismut Aue, Aktivist Brieske-Senftenberg, Motor Jena, Traktor Schwerin, Chemie Leipzig, Fortschritt Meerane, Rotation Babelsberg, Empor Rostock oder Turbine Erfurt. Da gab es vieles, worüber sich der West-Berliner lustig machen konnte, zumal er den Fußball, den die DDR zu bieten hatte, als sehr rustikal einstufte.

Gespottet wurde vom West-Berliner auch über alles, was mit dem Arbeitsleben seiner Ost-Verwandten zusammenhing. »Na, warst du Sonntag wieder beim Subbotnik?« Und war jemand mit dem »Banner der Arbeit« ausgezeichnet worden oder gar als »Held der Arbeit« in die Annalen des Sozialismus eingegangen, tippte sich der West-Berliner schon gern einmal an die Stirn. Heiterkeit kam auch auf, wenn ein Cousin stolz verkündete, er sei jetzt Dispatcher, also Verantwortlicher für die operative Lenkung von Produktions- und Verkehrsprozessen, oder Schüler und Studenten aus der Verwandtschaft berichteten, sie seien zum Ernteeinsatz abkommandiert worden. Der West-Berliner hielt das für ebenso exotisch wie idiotisch.

Die DDR-Betriebe waren für ihn total veraltet und ineffizient, und was sie produzierten, stufte er pauschal als minderwertig ein. Ein Witz bringt das auf den Punkt:

Honecker besucht Helmut Schmidt. »Erich, setz dich doch hin und nimm deinen Rucksack ab«, fordert der Bundeskanzler ihn auf.
Honecker: »Das geht nicht, da ist mein Herzschrittmacher drin!«
»So ein großes Ding? Meiner ist nur so groß wie eine Streichholzschachtel.«
»So groß war meiner früher auch, aber seit wir alles auf Braunkohle umgestellt haben ...«

Gern lachte der West-Berliner auch über Witze, in denen die unzureichende Versorgungslage in der DDR thematisiert wurde:

Ein Mann ist in die falsche Abteilung eines Kaufhauses geraten. »Haben Sie hier keine Socken?«
»Keine Socken haben wir im dritten Stock«, erklärt ihm die Verkäuferin, »hier gibt es keine Schuhe.«

Fritzchen kommt vom Geschichtsunterricht zurück und fragt seinen Vater: »Papa, was gab es eigentlich vor dem Sozialismus?«
Der Vater holt tief Luft: »Alles, mein Sohn. Alles!«

Der Parteichef von Suhl berichtet im Dezember im Politbüro, dass es in seinem Bezirk keine Kohlen mehr gibt.
»Und was macht die Bevölkerung da?«, erkundigt sich Honecker.
»Sie friert.«
»Es ist doch bewundernswert«, sagt Honecker, »wie unsere Menschen sich immer wieder zu helfen wissen.«

Was passiert, wenn die Sahara sozialistisch wird? – Die ersten zehn Jahre passiert gar nichts, aber dann wird der Sand allmählich knapp.

Ein Ehemann erwischt seine Frau mit einem anderen im Bett. Entsetzt ruft er: »Ihr Idioten! Im Konsum gibt's Apfelsinen.«

Ein DDR-Ehepaar fährt nach Moskau und wird bei einem Einkaufsbummel von einer Verkäuferin gefragt: »Sie sein von Deitschland?«
»Ja.«
»Nun, was für einem? Von Deitschland, Deitschland über alles? Oder von Deitschland, Deitschland ohne alles?«

Kommt ein Mann an den Fahrkartenschalter der Reichsbahn und verlangt: »Bitte einmal nach Kürze.«
Der Schalterbeamte sucht und sucht und sagt dann: »Kürze finde ich nicht.«
»Komisch ...«, entgegnet ihm der Mann. »Genosse Ulbricht hat doch gesagt, in Kürze gibt es alles.«

Ist es möglich, die DDR mit einer Atombombe lahm zu legen? – Im Prinzip ja, aber warum solche Umstände machen, wenn 15 Zentimeter Neuschnee die gleiche Wirkung haben!

Im Zeitalter des Kommunismus kann jeder DDR-Bürger umsonst seine Lebensmittel und auch seine Kleidung erwerben, er kann umsonst die Verkehrsmittel benutzen und er kann ebenfalls umsonst in den Urlaub fahren.
Am Ende seines Lebens kann er sagen, er habe umsonst gelebt ...

Da der West-Berliner immer mit einer gehörigen Portion heldenhafter Angst in den Osten fuhr, lachte er immer ganz besonders laut, wenn seine Ost-Verwandten leise Witze über die Vopo und die Stasi erzählten:

Im DDR-Radio: »Beim nächsten Ton ist es acht Uhr. Piep. Und nun noch eine Sonderdurchsage für die Herren von der Volkspolizei: Acht ist, wenn der große Zeiger nach oben zeigt und der kleine auf die Brezel.«

*Zwei Vopos laufen Streife. »Guck mal«, sagt der eine, »ein toter Vogel!«
Richtet der andere den Blick nach oben in die Lüfte: »Wo denn?«*

*Ein Vopo brummt einem Autofahrer ein Bußgeld auf, weil der zu schnell gefahren ist. Als sein Opfer dann das Protokoll unterschreiben soll, stellt sich heraus, dass er Analphabet ist und nur drei Kreuze als Unterschrift unter das Schriftstück setzen kann.
»Ach, so ein Dummkopf!«, fährt ihn der Vopo an. »Nicht meinen Namen sollst du schreiben, sondern deinen eigenen!«*

In der Greifswalder Straße hält ein Vopo eine Straßenbahn an, weil diese trotz Gelbphase der Ampel die Kreuzung überquert hat. Der Straßenbahnfahrer versucht das zu rechtfertigen, doch der Vopo fällt ihm ins Wort: »Halten Sie den Mund und diskutieren Sie nicht mit mir, sondern fahren Sie erst mal rechts ran!«

Was sind die vier schwersten Jahre im Leben eines Vopos? – Die erste Klasse.

*Steht ein Volkspolizist auf dem Alexanderplatz und onaniert. Kommt ein Vorgesetzter und fragt ihn, was das denn solle.
»Na, du hast doch gesagt: Sperr ma ab.«*

Deutlich ließ sich die Überlegenheit des West-Berliners auch daran festmachen, dass Walter Ulbricht und Erich Honecker, die beiden maßgebenden Staatslenker der DDR, selbst in weiten Teilen der eigenen Bevölkerung als absolute Deppen – und dämonische Menschen – dargestellt wurden, Willi Stoph nicht minder. So legte sich der West-Berliner geradezu eine Sammlung solcher Witze zu:

Walter Ulbricht besucht ein Heizkraftwerk. Der Betriebsleiter führt ihn und zeigt auf die großen Heizkessel. »Genosse Ulbricht«, sagte er, »wir können mit Stolz behaupten, dass wir die Anlage schon zwei Jahre ohne Kesselstein fahren.«
»Nu ja, Genosse«, sagt Walter Ulbricht und klopft ihm beruhigend auf die Schulter. »Kopf hoch, ich glaube, diesen Engpass werden wir auch noch überwinden.«

Stoph begrüßt auf dem Ost-Berliner Flughafen Schönefeld die erfolgreiche DDR-Olympia-Mannschaft. Er beginnt mit gehobener Stimme vom Protokoll abzulesen: »O! O! O! O! O!«
Der hinter ihm stehende Stasi-Offizier flüstert ihm aufgeregt ins Ohr: »Genosse Stoph, die Rede beginnt weiter unten! Was Sie gerade vorgelesen haben, das waren die fünf olympischen Ringe.«

Nixon, Breschnew und Honecker sitzen zusammen in einem Flugzeug. Plötzlich gibt es einen Motorschaden, und alle drei müssen abspringen. Es gibt aber nur zwei Fallschirme.

»Macht nichts«, sagt Breschnew zu Honecker. »Du bist der Jüngste, hier nimm, spring du zuerst. Außerdem müssen wir Kommunisten zusammenhalten.« Honecker springt.
Kaum ist Erich gesprungen, schnallen sich Nixon und Breschnew je einen Fallschirm um und springen ebenfalls. Als die beiden zur Erde schweben, fragt Nixon den Russen: »Sagen Sie mal, Herr Generalsekretär, ich dachte, wir hatten nur zwei Fallschirme an Bord?«
»Stimmt«, erwidert Breschnew. »Der Honecker ist ja auch mit meinem Campingbeutel rausgesprungen.«

Wer war der größte Feldherr aller Zeiten? – Walter Ulbricht! Er hat drei Millionen in die Flucht geschlagen und hält 17 Millionen Gefangene.

Ein Polizist kontrolliert einen Lkw mit Langholz, der ein Honecker-Bild an das Ende der Stämme genagelt hat, und fragt den Fahrer: »Warum haben Sie den Honecker hier angenagelt?«
»Aber Genosse Polizist ...«, erwidert der Fahrer. »Sie haben doch selber gesagt, ich soll hier hinten einen roten Lumpen aufhängen.«

Erich Honecker besucht eine Nervenheilanstalt. Gut einstudiert brüllen die Schwachsinnigen: »Es lebe unser geliebter Staatsratsvorsitzender!!!«
Nur der Aufseher schweigt. Als einer der Leibwächter Honeckers ihn deswegen anspricht, meint er: »Entschuldigen Sie bitte, ich gehöre nicht zu den Verrückten.«

Wer hatte den weitesten Weg zum Klo? – Erich Honecker! Der musste wegen jedem Scheiß nach Moskau rennen.

Das Fernsehen der DDR hielt der West-Berliner für hinterwäldlerisch und für einen reinen Propagandaapparat der SED. Sein größtes Hassobjekt war dabei »Sudel-Ede«, richtig Karl Eduard von Schnitzler, der jeden Montag in seinem »Schwarzen Kanal« Sendungen von ARD und ZDF ätzend parteilich kommentierte, zumeist mit aus dem Zusammenhang gerissenen Zitaten. So freute man sich denn auch ganz besonders über den folgenden Schnitzler-Witz:

Ein schwerer Verkehrsunfall um 22 Uhr am Ost-Berliner Alexanderplatz. Der Verursacher begeht Fahrerflucht. Zeugen wollen in ihm mit Sicherheit Karl Eduard von Schnitzler erkannt haben. Er wird von der Volkspolizei verhört.
Schnitzler: »Ich habe für die besagte Zeit ein hieb- und stichfestes Alibi. Ich habe in dieser Zeit den ›Schwarzen Kanal‹ moderiert.«
Dem entgegnet ein Vopo: »Das ist kein Alibi, denn da hat Sie niemand gesehen!«

Worauf der West-Berliner ganz besonders stolz ist

»Es ist gar nicht so leicht, über Berlin zu schreiben«, lässt Gabriele Tergit 1929 in ihrem wunderbaren Roman *Käsebier erobert den Kurfürstendamm* den Journalisten Frächter sagen, »die besten Leute haben sich schon die Zähne daran ausgebissen.« Dann müssen es also die zweitbesten Leute versuchen ... Und die mögen in der Tat eine größere Chance haben, weil Berlin eine Stadt ist, die sich gegen narzisstische Schöngeister sperrt und jene liebt, die handfest sind, so ruppig wie Käsebier, der Volkssänger: »Wer mit mir will, der komme mit, wer mich nicht will, der jeht alleene.« Sein Publikum hätte es noch drastischer formulieren können: »Am Arsche lecken können sie mich alle – Offiziere, Generale, Feldmarschalle.«

Der West-Berliner ist nun berufen, dieses Ihr-könnt-mich-mal-Gefühl auf die Spitze zu treiben. Wir sind die Größten, wir sind der Maßstab, Rudow grüßt den Rest der Welt. Der West-Berliner sieht seine Insel als ein einzigartiges Weltkulturerbe, als einen göttlichen Erlebnispark. »Und wenn eena eene jerne hat und kann se jut verknusen, dann hält er ihren Buckel für'n wunderschönen Busen.« In diesem Sinne sind Hügel von knapp 65 Metern Höhe für den West-Berliner Berge; und sagt ein Bayer angesichts der Zugspitze zu ihm: »Solche Berge habt ihr nicht bei euch in Berlin«, dann entgegnet er: »Wenn wir sie aber hätten, dann wären sie viel höher.« Sein West-Berlin ist ein selbstreferentielles System par excellence, das allerdings nur funktioniert, weil die Alliierten es schützen, die Bonner es alimentieren und die DDRler den düsteren Gegenentwurf präsentieren.

Und worauf ist der West-Berliner nun am stolzesten? Die Antwort ist ganz einfach: auf sich selbst. Darauf, dass er als West-Berliner auf der Welt ist, als – bei aller Bescheidenheit – Halbgott. Halbgott der westlichen Welt. Seine (Halb-)Stadt ist der interessanteste – heute würde man sagen, krasseste – Ort des Universums, und er ist die Krone der Schöpfung. West-Berlin ist der wahr gewordene Traum eines Neo-Atlantis, nein, mehr noch: das Paradies auf Erden. Des West-Berliners Insel hat all das, was des modernen Menschen Herz begehrt, in Hülle und Fülle. Seien es Bauwerke, Ausflugsziele oder kulturelle Institutionen – alles ist mit dem West-Berlin-Überhöhungsfaktor (WBÜ) zu multiplizieren. Der Mechanismus ist derselbe wie bei jemandem aus São Paulo, der angibt, Fußballspieler zu sein. Er kann de facto schlechter spielen als ein Ersatzbankdrücker von Knallrot Wilmersdorf oder gar einbeinig sein, doch allein die Tatsache, dass er Brasilianer ist, verleiht ihm das Image eines deutschen Nationalspielers.

Was auf den nächsten Seiten auch genannt wird, immer schwingt dieses gewisse »Ätsch, det habt ihr nich!« mit. Die Bundesdeutschen nicht, die Westeuropäer und die Amerikaner nicht – und die Ost-Deutschen und die Russen erst recht nicht. Und sollte ein Museum in – sagen wir – New York wirklich besser bestückt sein als das eigene am Rande des Tiergartens, so ist es dennoch weniger wert, weil es eben nicht in West-Berlin gelegen ist. Insofern ist bei der Lektüre stets das zu erinnern, was ein russisches Märchen so wunderbar ausdrückt: Verliert in einem gottverlassenen Städtchen ein Mädchen seine Mutter. Den Leuten geht der Jammer der Kleinen ans Herz, und sie fragen sie, wie denn ihre Mutter aussehe. »So wunderschön wie eine Prinzessin.« Und das Mädchen schildert die Mutter in den glühendsten Farben. Man sucht die Schönste im Land – und kann die Mutter nicht finden. Als sie schließlich doch gefunden wird, stellt sich heraus, dass sie furchtbar hässlich ist.

Seine Bauwerke und Stadtviertel

Manche Bauwerke besitzen für den West-Berliner einen ganz besonderen Stellenwert. Dass sie in seiner (Halb-) Stadt stehen und dass er sie in regelmäßigen Abständen betritt oder vor ihnen demonstriert, macht einen Teil seiner Ich-Identität aus. Seine Biografie ist ohne sie nicht denkbar, und spricht er ihren Namen aus, schwingt dabei eine mythische Überhöhung mit.

Hört ein Fremder, der die historischen Hintergründe nicht kennt, den Begriff »Rathaus Schöneberg« und sieht das dazugehörige Gebäude, so reagiert er eher mit Gähnen:

Turm des Schöneberger Rathauses mit Grünfläche, 50er Jahre

»Was für'n langweiliger grauer Kasten.« Ein West-Berliner hingegen ist sofort voller Emotionen. Schon Schöneberg allein löst Assoziationen aus: Da sind die Millionenbauern, die, als Berlin um 1900 zur Metropole heranzuwachsen beginnt, ihre Felder als teures Bauland verkaufen, und da ist das schöne Liedchen von Paul Lincke: »Es war in Schöneberg im Monat Mai, ein kleines Mägdelein war auch dabei (...).«

Und schon 1914 sind die ersten Beamten in das Schöneberger Rathaus eingezogen und haben in 340 Büros unter dem 81 Meter hohen Turm Gesetze angewendet. 1920, nach der Eingemeindung ins große Ganze, war dann Schöneberg einer der 20 Berliner Bezirke – und stand weit außerhalb des Mittelpunktes der Aufmerksamkeit. Dann aber ... Nach Krieg und Spaltung der Stadt treten die West-Berliner Stadtverordneten am 14. Januar 1949 im Brandenburgsaal des Schöneberger Rathauses zu ihrer konstituierenden Sitzung zusammen, und Ernst Reuter wird zum Oberbürgermeister gewählt. Nun wird das Gebäude zum »steinernen Symbol für den Freiheitswillen des westlichen Berlins«, so das Kundenmagazin der BVG im August 2004. Am 31. August 1949 gibt es die erste Massenkundgebung vor dem Schöneberger Rathaus, und Bundespräsident Theodor Heuss, selbst einmal Bezirksverordneter von Schöneberg, spricht zu 200 000 Menschen vom auserwählten Stamme der West-Berliner. Ernst Reuter und Willy Brandt arbeiten hier, und neben John F. Kennedy und Queen Elizabeth II. sind es noch viele weitere Staatsgäste aus aller Welt, die im Schöneberger Rathaus unter Beweis stellen, dass sie des Schreibens kundig sind, und sich ins Goldene Buch der Stadt eintragen.

Seinen eigentlichen inneren Wert erhält das Schöneberger Rathaus aber erst durch die Freiheitsglocke, die am 24. Oktober 1950 zum ersten Mal zu hören ist. Der frühere amerikanische Militärgouverneur in Deutschland und Luftbrücken-Initiator Lucius D. Clay hat sie mit einem sechswöchigen »Kreuzzug der Freiheit« durch die USA finanziert. Mit 10 200 Kilogramm ist sie die schwerste Glocke Berlins. Die Inschrift ist die Botschaft: »That this world under God shall have a new birth of freedom.« Bald darauf trägt der RIAS jeden Sonntag um zwölf Uhr mittags ihren Klang in alle Wohnungen, und ein Sprecher, dessen Organ wie Gottes Stimme klingt, verkündet dazu im Berg-Sinai-Sound die hehren Menschenrechte. Jeder aufrechte West-Berliner lässt dabei das Messer sinken, mit dem er eben seine Kartoffeln geschält hat, und verharrt in stiller Andacht. Daraus bezieht er dann die Kraft für die nächste Frontstadtwoche.

Ein Kraftwerk ganz anderer Art, aber von kaum weniger Symbolkraft ist das nach Ernst Reuter benannte vormalige Kraftwerk West an der Unterspree zwischen Haselhorst und Siemensstadt. Im Mai und Juni 1945 wurde es von den Sowjets völlig demontiert, dann aber werden während der Blockade 1400 Tonnen Ausrüstungsgegenstände, darunter die Heizkessel, mit der Luftbrücke nach West-Berlin geflogen, auf dass am 1. Dezember 1949 der eigenproduzierte Saft wieder fließen kann. 60 000 Kilowatt können in das West-Berliner Stromnetz eingespeist werden, und die Stromsperren werden weniger, das heißt, Mutter Krause muss nicht mehr zwischen zwei und drei Uhr nachts zum Friseur eilen, weil es zufällig gerade zu dieser Zeit Strom für die Trockenhaube gibt.

Untrennbar verbunden mit West-Berlin ist der Funkturm, der »Lange Lulatsch«. 1926 ist der Turm zusammengeschraubt worden und maß bei seiner Einweihung 138 Meter. Der echte West-Berliner mied ja die DDR-Reichsbahn, und da er nicht das Geld hatte, immerzu ins Flugzeug zu steigen, verließ er seine Insel zumeist mit dem eigenen Personenkraftwagen oder dem Reisebus. Kam er dann zurück, müde und vergnatzt von der Schleicherei auf den Transitstrecken und den Grenzkontrollen, die für ihn die reinste Psychofolter waren, löste der Anblick des Funkturms bei ihm in etwa die gleichen emotionalen Stürme aus, wie sie die sogenannten alten Griechen erlebten, als sie, völlig am Ende und dem Verdursten nahe, von Troja heimkehrten und endlich das rettende (Schwarze) Meer vor Augen hatten: »Thalata! Thalata!«

Zu einem guten Teil definiert sich der West-Berliner auch über den Kurfürsten- oder Kudamm, mag der gegenüber den Champs Élysees, der Düsseldorfer Kö oder dem Broadway auch noch so mickrig wirken. Es stört ihn nicht – dazu ist er zu unsensibel –, und es ist auch keinesfalls ein Nachweis von Selbstironie – die hat er kaum –, dass »Ku« wie »Kuh« klingt und eher ländliche und andere Assoziationen als Boulevard und Glanz auslöst (zum Beispiel: Wie kommt Kuhkacke aufs Dach? Die Kuh kann doch nicht fliegen!). Ein Kudammbummel ist eine kultische Handlung, und im Café Kranzler an der Ecke Joachimsthaler Straße zeigt man, dass man zu den höheren Ständen zählt.

Zum Kudamm gehört, obwohl sie streng genommen zwischen Budapester, Kant- und Tauentzienstraße und dem Breitscheidplatz liegt, auch die Gedächtniskirche. Dass sie eigentlich ein Kaiser-Wilhelm davor hat, negiert der West-Berliner, ebenso wie er immer nur Gedächniskirche sagt, das »t« also in eigenmächtiger, aber nachvollziehbarer Rechtschreibreform weglässt. Ob Gott dieses sein Haus je gemocht hat, ist fraglich, sieht es doch zu sehr nach Anker-Steinbaukasten aus; jedenfalls hat er die Piloten der Alliierten nicht daran gehindert, die Gedächtniskirche mit Hilfe mehrerer Bomben in ein durchaus vorzeigbares Gesamtkunstwerk zu verwandeln, das vom West-Berliner »Hohler Zahn« genannt wird. Der Architekt Egon Eiermann hat dann der normativen Kraft seines Namens widerstanden und 1961 einen mindestens sechseckigen Glockenturm neben die baulich gesicherte Ruine gesetzt. Die kastenförmigen Fenster regen des Öfteren Angetrunkene zu bergsteigerischen Übungen an, und drinnen heiratet die wohlhabende Prominenz oder lässt sich, wenn der Herr sie heimgerufen hat, stilecht aussegnen, hoffend, dass das Gleichnis mit dem Reichen und dem Kamel nur einer seiner kleinen Scherze gewesen ist. Pubertierende Knaben nimmt der West-Berliner nur ungern mit auf den Breitscheidplatz, denn wie soll er denen klarmachen, dass der Namensgeber ein Mann war und Rudolf hieß und hier nicht etwa Berlins größte Kurtisane ihren Standplatz hatte.

Am Rande des Breitscheidplatzes liegt noch ein zwei-

Café Kranzler am Kudamm in den 50er Jahren

tes Wahrzeichen des westlichen Berlins: das Europacenter. Als Willy Brandt es 1965 eröffnet – mit unten 105 Geschäften und 20 Lokalen und darüber einem 86 Meter hohen Geschäftshaus –, da gibt es anderswo noch keine Center und Arkaden, und der West-Berliner fühlt sich wieder einmal in seiner Vorreiterrolle bestätigt. In den ersten Jahren findet sich hier sogar jene Fläche aus gefrorenem Wasser, auf der sich Esel tummeln können, wenn es ihnen zu wohl geht. Der West-Berliner fühlt sich gern als deutscher New Yorker.

Einiges hat er dem richtigen New Yorker sogar voraus. Zum Beispiel ein echtes Schloss wie das in Charlottenburg, das 1699 seiner Bestimmung als Lustschloss der Kurfürstin Sophie Charlotte übergeben wurde. In einer Bombennacht im November 1943 ist es stark zerstört worden, aber man hat es nicht abgerissen, wie es die Ost-Berliner mit dem Stadtschloss machten, sondern bis 1956 weitgehend wieder hergerichtet. Der West-Berliner ist der Wahrer der deutschen, zumindest aber der brandenburgisch-preußischen Geschichte. Wenn es ihn nicht gäbe, würde alles aus dem kollektiven Gedächtnis gelöscht werden, was sich vor 1879, dem Geburtsjahr Stalins, ereignet hat.

Was er sonst noch an Historischem vorzuweisen hat, ist zwar nicht viel, aber der West-Berliner weiß auch mit dem kleinsten Pfund trefflich zu wuchern. So zum Beispiel mit dem Humboldtschlösschen in Tegel, von Karl Friedrich Schinkel in den Jahren von 1821 bis 1824 für Wilhelm von Humboldt in klaschischischtem Stil umgebaut. Dies ist kein Druckfehler, denn der West-Berliner hat immer

Schwierigkeiten mit dem Wort Klassizismus, auch wenn sein Gebiss fest sitzen sollte. Kommen die Jagdschlösser Glienicke und Grunewald hinzu, die der West-Berliner ab und an mit einem Kurzbesuch beehrt. Das Schloss Bellevue, 1785 für Prinz Ferdinand, den Bruder des großen Friedrich, erbaut und Berliner Amtssitz des Bundespräsidenten, schätzt er weniger. Vielleicht ist ihm der französische Name suspekt, wahrscheinlich aber liegt es daran, dass sich mit diesem Ferdinand keinerlei BILD-reife Erinnerungen verbinden.

Viel Aufhebens macht der West-Berliner dagegen um die Spandauer Zitadelle und den Juliusturm, schließlich geht dessen Bau auf das Jahr 1250 zurück, und nach dem Krieg von 1870/71 sind hier die fünf Milliarden Franc aufbewahrt worden, die Frankreich dem Reich an Kriegsentschädigung zu zahlen hatte. Zu seinen Füßen gibt es wilde Wasser, auf der einschlägige Sportler gern trainieren, und das freie Licht daneben wird als Bühne genutzt.

Was den West-Berliner groß macht, ist das dauernde Lutschen an der Erinnerung alter Größe, und das schönste Symbol für den Glanz der deutschen Hauptstadt und des Deutschen Reiches ist der Reichstag, nach Plänen von Paul Wallot in den Jahren von 1884 bis 1894 neben die Spree gesetzt. Bei seinen machtvollen Kundgebungen nutzt der West-Berliner das Reichstagsgebäude gern als Kulisse und Windfang.

Ganz besonders stolz ist der West-Berliner darauf, von den (US-)Amerikanern geliebt zu werden. 1954 haben sie ihm die Amerika-Gedenk-Bibliothek am Halleschen

Tor geschenkt. Nicht weit von ihr entfernt liegt auch der Checkpoint Charlie, der Kontrollpunkt der Amerikaner an der Friedrichstraße, ohne den sich die Zahl der West-Berlin-Touristen halbieren würde. Zum Dank für alles hat der West-Berliner das Luftbrückendenkmal vor dem Hauptquartier der US Air Force am Flughafen Tempelhof errichtet.

Aber auch Neues kann der West-Berliner der staunenden Welt präsentieren, so ganze Trabantenstädte wie das Märkische Viertel im Norden und die Gropiusstadt im Südosten. Begonnen hat es mit dem Hansaviertel (1955–1957), dem Herzstück der Internationalen Bauausstellung. West-Berlin war das »Schaufenster zum Osten« geworden. Viel Ruhm und Ehre hat der westlichen (Halb-)Stadt auch die bunte und 17 Stockwerke hohe Wohnmaschine eingebracht, die der französische Stararchitekt Le Corbusier in der Nähe des Olympiastadions platzieren durfte. Alle vier Projekte zeugen von der ungebrochenen Lebenskraft des West-Berliners. Apropos zeugen: Anstatt a) per Selbstmord zu kapitulieren wie einst die Verteidiger der jüdischen Festung Masada oder b) kollektiv nach Westdeutschland auszuwandern oder sich c) jubelnd den Sowjets und ihren deutschen Vasallen in die Arme zu werfen, baut der West-Berliner trutzig neue Siedlungen und zeugt dort neue West-Berliner.

West-Berlin als Außenposten der westlichen Welt darf nicht wie Klein-Kleckersdorf aussehen, also baut der West-Berliner – und baut und baut. Es entstehen das Kulturforum mit der Philharmonie (»Zirkus Karajani«) als

Luftbrückendenkmal am Flughafen Tempelhof

Herzstück, die Kongresshalle, das Kudamm-Karree, der Steglitzer Kreisel und das ICC, das Internationale Congress Centrum. Hierbei muss man die Intelligenz und die Cleverness des West-Berliners loben, nicht die deutsche Schreibweise gewählt zu haben. Mit dem Protest, den das daraus abgeleitete Kürzel weltweit ausgelöst hätte, wäre ihm viel Ärger erwachsen. Bis zur Eröffnung des ICC, des unter dem Funkturm gelegenen »Kongressdampfers«, im Jahre 1979 war die »Schwangere Auster« – heute Haus der Kulturen der Welt – der Star unter den einschlägigen Tagungsstätten. Gemeint ist die zur Interbau-Ausstellung 1957 eröffnete Kongresshalle, die ihren Namen dem Dach verdankt, das wie eine geöffnete Muschel aussieht und im Jahre 1980 in Teilen zusammenbrach. Der Schmerz des West-Berliners ist ebenso groß wie der seiner preußischen Vorfahren angesichts des Todes ihrer geliebten Königin Luise im Jahre 1810, als der Leichenzug in Gransee Station macht und man später auf ihr Denkmal schreibt: »O Jammer, sie ist hin.« Im Gegensatz zur Königin konnte die Kongresshalle aber renoviert werden.

Ob die für diesen Dachschaden verantwortlichen Statiker, Beamten und Politiker zu Haftstrafen verurteilt worden sind, entzieht sich meiner Kenntnis, ist aber kaum anzunehmen; wären sie aber in den Knast gewandert, dann hätten sie wahrscheinlich in der JVA Tegel Quartier genommen. JVA ist mit Justizvollzugsanstalt zu übersetzen, damit wir begreifen, dass dort keine Strafen abgesessen werden, sondern die Justiz vollzogen wird. Die JVA Tegel gilt als größte Haftanstalt für männliche Gefangene in Deutschland, manche sagen auch in ganz Europa – und den West-Berliner macht ja nichts glücklicher, als wenn er wirklich irgendwo spitze ist.

Noch stolzer aber als auf seine Bauwerke ist der West-Berliner auf seine Bauskandale und seinen Filz. Seilschaften haben in Parteien, Behörden, Zeitungen, Funkhäusern und Vereinen ihre Leute platziert, man unterstützt sich gegenseitig bei der Erreichung seiner Ziele, man macht Karriere und fährt Gewinne ein. Eine Hand wäscht die andere, und wenn es ernst wird, hilft man dem anderen dabei, sich reinzuwaschen. Filz und Filzokratie mag es auch anderswo geben und gegeben haben, die Begriffe aber sind originäre West-Berliner Schöpfungen, und wenn eine Sache wirklich zum Skandal wird, dann sieht der West-Berliner das als Glücksfall an, denn wie sagte schon Theodor Fontane: »Skandal ist immer das Süßeste.«

Der West-Berliner also protzt geradezu mit seinen Skandalen. Es beginnt Mitte der 70er Jahre mit der Affäre um die Personalpolitik der staatlichen Porzellanmanufaktur KPM, bei der viel entsprechendes Gut zerschlagen wird, und verlorenen Bürgschaften beim Bau des Steglitzer Kreisels, der zunächst als Bauruine gilt, und kulminiert 1980 mit dem »Garski-Skandal«, bei dem der Senat nach dem Konkurs des Unternehmers Dietrich Garski Bürgschaftsverluste in dreistelliger Millionenhöhe erleidet. Skandalös ist auch, dass am 2. Juni 1967 der Student Benno Ohnesorg am Rande der Demonstration gegen den iranischen Schah von einem Polizeibeamten erschossen wird, dass bei der Jagd auf Hausbesetzer ein Jugendlicher vor einen BVG-Bus getrieben und totgefahren wird und dass niemand den türkischen Asylbewerber Kemal Altun daran hindert, aus dem sechsten Stock des Berliner Verwaltungsgerichtes in den Tod zu springen. Nicht zu vergessen ist auch der Skandal um Hertha BSC aus dem Jahre 1971, bei dem zwei Spieler Bestechungsgelder annehmen, um gegen die abstiegsbedrohte Mannschaft von Arminia Bielefeld 0:1 zu verlieren.

Sein Großangebot an Kultur

»Bei uns is imma wat los!«, trompetet der West-Berliner und freut sich, dass er in der aufregendsten Kommune der Welt zu Hause ist. Obwohl er das Wort Kommune nie in den Mund nehmen würde, denn die Straße der Pariser Kommune liegt in Ost-Berlin, und generell klingt Kommune furchtbar nach Kommunismus.

Der West-Berliner weiß, dass seine Stadt nur ist, wenn die Völker der Welt, ganz im Sinne Ernst Reuters, auf sie schauen. Und da er erkannt hat, dass die Eliten der Völker, die kosmopolitischen Bildungsbürger, auf alles abfahren, was sich unter dem Begriff Kultur subsumieren lässt, konzentriert er seine Kräfte und Mittel auf dieses Gebiet. Was seinen Bildungsgrad betrifft, ist der West-Berliner ohnehin Weltspitze, denn wie haben es seine Vorfahren auf den Punkt gebracht: »Einbildung ist auch ’ne Bildung.«

Auf drei Schulen ist der West-Berliner ganz besonders stolz: auf das Französische Gymnasium, die John-F.-Kennedy-Schule und die Schulfarm Scharfenberg. Und seine beiden Universitäten, die Freie Universität (FU) im Großraum Dahlem und die Technische Universität (TU) im Dreieck von Hardenbergstraße, Ernst-Reuter-Platz und Straße des 17. Juni, zählen zu den größten Akademikerschmieden Deutschlands. Dazu kommt die Hochschule der Künste (HdK), die bundesweit bekannt ist für ihren Zinnober, das heißt ihr Faschingsfest. Aus allen Dörfern und Städtchen Westdeutschlands, also aus der gesamten Bundesrepublik, strömen die jungen Menschen nach West-Berlin, um hier zu studieren und sich frei zu entfalten, nicht immer nur, weil die Lehrenden hier so vorzüglich sind, sondern auch, weil sie damit der Bundeswehr entkommen. Wehrdienstverweigerer prägen so zu erheblichen Teilen das Bild der Frontstadt, deren welthistorische Mission darin besteht, die hochgerüsteten kommunistischen Horden aufzuhalten. Doch gleichviel, der West-Berliner bejubelt alle, die zuziehen, leidet er doch unter dem Trauma, dass seine (Halb-)Stadt auf kleiner Flamme gar gekocht werde, er als der auserwählte Stamm der Deutschen langsam aussterben könnte. Wer redet denn heute noch von den Semnonen, die zur Germanenzeit im Berliner Raum gesiedelt haben und Tacitus zufolge der edelste Stamm der Sueben, heute »Schwaben«, gewesen sein sollen? Der West-Berliner weiß: Die Besten gehen immer zuerst, und daher rühren seine Ängste.

Trotz der tradierten Aufforderungen an seine Mitmenschen, am klassischen Schauspiel orientierte Verhaltensweisen gefälligst zu lassen – »Mach doch nicht so 'n Theater!« oder »Hör doch endlich auf mit dem Theater!« – ist der West-Berliner fürchterlich erpicht darauf, dass alle Welt seine Theater- und Musiklandschaft für einzigartig hält, etwa nach dem Motto, mit dem Hühner-Hugo jahrelang für eine legendäre Hähnchenbraterei geworben hat: »Oft kopiert, nie erreicht.« Der West-Berliner liebt und mystifiziert sein Schiller-Theater, seine Oper in der Bismarckstraße und seine Philharmonie. Das auch dann, wenn er nie »drinne jewesen is« und zu der Spezies gehört, die *Elektra* für ein Siemens-Bügeleisen hält, und, steht der *Prinz von Homburg* zur Debatte, allein an den Boxer Norbert Grupe denkt.

Warum dem West-Berliner das Schiller-Theater ganz besonders am Herzen liegt, kann ohne eine Befragung von mindestens 2000 Einwohnern nur unwissenschaftlich beantwortet werden. Vielleicht liegt es daran, dass Schillers Vorname an die vielen kleinen und großen Friedriche auf Preußens Thron erinnert, vielleicht aber auch daran, dass sein Geburtsort ebenso mit »Mar« anfängt wie in West-Berlin Marienfelde und Mariendorf. Wahrscheinlicher ist jedoch, dass diese Vorliebe auf die hohe Symbolkraft zurückgeht, die die Wiedereröffnung des Schiller-Theaters nach dem Kriege hat. Am 6. September 1951 wurde seine Auferstehung aus Ruinen mit einem Fest- und Staatsakt gefeiert. Bundespräsident Theodor Heuss würdigte Person und Werke seines schwäbischen Landsmannes, und Ernst Reuter gab seiner Hoffnung Ausdruck, dass es mit der geistigen Kraft Berlins gelingen möge, das Haus zu einem »echten Nationaltheater« zu machen.

Ein ähnlicher Kultstatus fällt erst Jahrzehnte später wieder einem Theater zu: der Schaubühne. Ihr Nukleus liegt am Halleschen Ufer, 1981 zieht sie an den Lehniner Platz, also zum Kudamm, in das alte Universum-Kino. Jedes gespielte Stück wird mit einer Habilitationsschrift zu seinem zeitgeschichtlichen und literarischen Hintergrund vorbereitet, und die innere Verfassung der Schaubühne gilt bei den 68ern als vorbildlich basisdemokratisch. Dabei hat sie mit Peter Stein einen überragenden Mann an der Spitze. Aus dem Ensemble ragen Edith Clever, Jutta Lampe, Bruno Ganz und Otto Sander heraus – und der West-Berliner, auch wenn er noch so biedermeierlich und stockkonservativ daherkommt, ist alsbald stolz auf diese Kulturexporte aus Spreeathen.

Und noch ein drittes Theater lässt den West-Berliner orgiastisch jubeln: das Theater des Westens in der Kantstraße, als es ihn in den 60er Jahren mit dem Musical *My Fair Lady* beglückt.

Der echte West-Berliner kauft seine Theaterkarte nicht an der Kasse, sondern ist Mitglied der Freien Volksbühne. Bei der sitzt der Reiche nicht vorn und der Arme nicht hinten, wie in der Weltordnung vorgegeben, sondern das ganze von der Organisation angekaufte Kartenkontingent kommt in einen Topf. Das Volksbühnenmitglied tritt dann mit dem Anrechtsschein aus seinem Abonnement ins Foyer, erledigt die Formalitäten und zieht aus einem Sektkübel sein Los, das heißt seine Karte. Hat es Glück, sitzt es in Reihe eins, hat es Pech, oben im dritten Rang.

Beliebt sind neben den genannten Theatern das Schlosspark-, das Hebbel- und das Renaissance-Theater, das Theater am Kurfürstendamm, die Komödie, die Tribüne und – seit 1963 – das eigene Haus der Freien Volksbühne in der Schaperstraße. Unverzichtbarer Bestandteil der Ich-Identität des West-Berliners ist auch das Gripstheater, von Volker Ludwig für Kinder und Jugendliche erdacht, das mit der *Linie 1*, seinem legendären Musical, einen Welthit gelandet hat – und von der Welt wahrgenommen zu werden ist ja für die Frontstadt überlebenswichtig. Jeder Theaterbesuch ist für den West-Berliner nicht nur eine kulturelle Angelegenheit, sondern immer auch eine politische Willensbekundung: Seht her, ihr da im Osten, wir lassen uns nicht unterkriegen – im Gegenteil, bei uns steht alles in voller Blüte.

Von Off-Theatern wimmelt es nur so, und der West-Berliner ist auch froh und glücklich, dass es so viele davon gibt, kann aber auf Anfrage nur wenige von ihnen benennen, so etwa die Neuköllner Oper oder, weil der Name so herrlich ist, das Theater zum westlichen Stadthirschen in der Kreuzbergstraße.

Was die Musik betrifft, so ist die Philharmonie, ist das Berliner Philharmonische Orchester das Lieblingskind des West-Berliners. Dies schon allein deshalb, weil er in einer Welt voller Kakophonie viel Harmonie für das höchste aller Ziele hält. Und hört er die Namen Sergiu Celibidache und Wilhelm Furtwängler, dann weiß er natürlich, dass es sich dabei nicht um den neuen rumänischen Rechtsaußen von Hertha BSC und einen gerade angeheuerten Trainer handelt, sondern um zwei berühmte Dirigenten dieser Institution; und Herbert von Karajan avanciert bei ihm schnell zum Gott des Taktstocks. Auch die Philharmonie als Bauwerk (»Zirkus Karajani«), nach Plänen des ebenfalls göttlich verehrten Bauhausarchitekten Hans Scharoun errichtet und am 15. Oktober 1963 mit Beethovens 9. Sinfonie eröffnet, gilt dem West-Berliner als Heiligtum. Dagegen fällt die Deutsche Oper Berlin in der Bismarckstraße etwas ab, obwohl auch Intendantennamen wie Gustav Rudolf Sellner, Lorin Maazel und Götz Friedrich ungemein putzen und immer wieder zu lesen ist, dass der Chor unter Hagen-Groll der beste in Europa sei. Unter dem macht es der West-Berliner ohnehin nicht.

Der West-Berliner hat vor vielen anderen begriffen, dass eins und eins unter bestimmten Bedingungen nicht zwei ergibt, sondern fünf, dass also Quantität irgendwann in Qualität umschlägt, und darum hat er 1965 das Theatertreffen aus der Taufe gehoben, zu dem die besten deutschsprachigen Aufführungen alljährlich nach Berlin geholt werden. Auch bei den Berliner Festwochen, schon am 5. September 1951 gestartet, gastieren prominente Künstler aus aller Welt auf den Frontstadtbühnen. Leichter, als ganze Theater mit ihren Schauspielern und Bühnenbildern nach West-Berlin zu verfrachten, ist es natürlich, Filmrollen und die dazugehörigen Stars durch die drei Luftkorridore einfliegen zu lassen. So beginnen am 6. Juni 1951 die ersten Internationalen Filmfestspiele, aus denen später die Berlinale wird. Den ersten Goldenen Bären erhält die Schweizer Produktion *Die vier im Jeep.*

Die größte Bühne ist allerdings die Waldbühne am Nordrand des Grunewalds. 23 000 West-Berliner sitzen dort im weiten Rund, als der RIAS seine Kultsendung »Wer fragt, gewinnt« mit Ivo Veit aufzeichnet. In Zeiten, da die Brüder und Schwestern aus dem Osten nicht unter den Besuchern sein dürfen, zündet jeder aufrechte West-Berliner zum Gedenken an sie eine Kerze oder wenigstens ein Streichholz an. Nach einem Konzert der Rolling Stones am 15. September 1965 wird die Waldbühne so radikal demoliert, dass sie erst 16 Jahre später wieder benutzt werden kann, nun aber *die* Adresse für Open Air ist, wenn es um Klassik- und Rockkonzerte und cineastische Leckerbissen geht.

Auch bei einer Reihe von Ausstellungen kann der West-Berliner registrieren, dass die Völker der Welt, so wie es sich gehört, ihre Blicke auf ihn richten, ja eigentlich, wie es sich gehört, zu ihm aufblicken. Die meisten Ausstellungen finden unter dem Funkturm statt, so auch die Deutsche Industrieausstellung, die der Bundespräsident am 1. Oktober 1950 eröffnet. Den höchsten Stellenwert beim West-Berliner genießen aber die Grüne Woche und die Funkausstellung. Die Grüne Woche gibt es seit 1926, und 1951 jubelt man über die erste Veranstaltung nach Kriegsende. Obwohl der Kalender den 3. Februar anzeigt, kommt zur feierlichen Eröffnung der Niklas, das heißt der Bundeslandwirtschaftsminister Wilhelm Niklas. Die Funkausstellung lässt zehn Jahre länger auf sich warten und kehrt erst am 25. August 1961 nach (West-)Berlin zurück, wird dann allerdings von keinem Geringeren als von

Ludwig Erhard eröffnet, dem »Vater der sozialen Marktwirtschaft« und des deutschen »Wirtschaftswunders«.

Hochmögende Bundespolitiker in der Frontstadt lösen beim West-Berliner stets mehrere politische Orgasmen aus. In Verzückung lässt ihn auch die IBA geraten, die von 1984 bis 1987 anhaltende Internationale Bauausstellung, die für den Städtebau »all over the world« höchst bedeutsam ist. Während nebenan in Ost-Berlin das Programm »Ruinen schaffen ohne Waffen« nachhaltig umgesetzt wird, wird des West-Berliners Lebensraum eine Weihestätte des postmodernen Bauens.

Ein weiterer Trumpf des West-Berliners ist seine reichhaltige Museenlandschaft. Nicht dass es nach dem alten Spruch »hinten Lyzeum, vorne Museum« Zehntausende davon gäbe, aber es sind ihrer dennoch so viele, dass der West-Berliner sie gar nicht alle besuchen kann und, will er überleben, zum alten Mittel der Luhmann'schen Systemtheorie greifen muss, nämlich zur Reduktion von Komplexität.

Besonders faszinierend findet der West-Berliner das Museum für Völkerkunde in Dahlem. Wer auf einer Insel beziehungsweise auf einer seit Jahren eingeschlossenen Festung leben muss, der träumt ständig von der großen weiten Welt. Auch klingt das Wort Völker wie Musik in seinen Ohren, seit er als Kind Völkerball gespielt hat und Ernst Reuter die Völker aufgefordert hat, aufopferungsvoll nach Berlin zu schauen. Da ist es seine Pflicht, seinerseits diese Völker gebührend wahrzunehmen, und außerdem ist es lustvoll, ihre Schrumpfköpfe mit denen seiner politischen Elite zu vergleichen. Und wo soll er mit seinen Kindern, die er ständig fördern muss, seit es die moderne Pädagogik gibt, am Sonntag auch anders hin? Besonders im Winter, wenn es im Zoo zu kalt ist. Zwar reduziert sich die Freude der Kleinen ein jedes Mal auf den Besuch des einen Südsee-Katamarans, den man betreten darf, aber immerhin. Sind die Kinder männlichen Geschlechts, führt der West-Berliner sie gern auch zum Gleisdreieck ins Museum für Verkehr und Technik, obwohl ihm selber eine Nachhilfestunde in der Technik des Verkehrs lieber wäre.

Ins Ägyptische Museum in Charlottenburg geht er zwar nie, weiß jedoch, dass es mit dem Kopf der Königin Nofretete ein Kleinod des Weltkulturerbes beherbergt. Ist das Wetter mies, dann steht schon mal die Neue Nationalgalerie an der Potsdamer Brücke auf dem Programm, von 1965 bis 1968 erbaut nach Plänen von Ludwig Mies van der Rohe. Die Bilder von Adolph Menzel liebt der West-Berliner ganz besonders, weil sie so schön berlinisch sind – und das, obwohl ihm schon als Kind erzählt wurde, dass Menzel der Mörder des Alten Fritz sei. »Wieso denn das?« – »Na, steht doch da unter dem Bild: Tod Friedrichs des Großen nach einem Stich von Menzel.« Jut findet er ooch det Berlin-Museum, das im Alten Kammergericht in der Lindenstraße untergebracht ist, denn über diese großartigste Stadt der Welt kann gar nicht genug Wissen vermittelt werden. Er, der West-Berliner, ist schließlich der einzig legitime Erbe des alten Berlin, ja auch dessen, was aus germanischen Epochen überkommen ist. So pilgert er im Sommer regelmäßig nach Düppel ins Museumsdorf, wo er vorgeführt bekommt, wie seine Vorfahren um 1200 gelebt haben.

Und da der West-Berliner auch gern kalauert, beenden wir diesen Abschnitt mit der Sentenz »Lieber Museen als Mussehen« und kommen zu einem anderen Kultursegment, das der West-Berliner in Werbeprospekten wie »Berlin tut gut« groß anpreist, zum Kabarett. Ältere West-Berliner sprechen es auch französisch aus, sagen also Kabaree, allerdings mit Ausnahme des »Kabaretts der Komiker«. Und mit *Cabaret* ist die Endzeit der Weimarer Republik genial auf den Punkt gebracht. Zwei Kabaretts und ihre Programme stehen für den West-Berliner als solchen, sein Leben und seine Probleme: die Insulaner und die Stachelschweine. In einem Maße, das heute unvorstellbar ist, verfolgt, kommentiert und kolportiert der West-Berliner das, was von den Insulanern und den Stachelschweinen gesagt und gesungen wird, und bestimmte Figuren – wie etwa der (SED-)»Funzionär« – werden bei jeder Familienfeier nachgespielt. Die erste Insulaner-Sendung wird Weihnachten 1948 vom RIAS ausgestrahlt, und das Insulaner-Lied wird zur eingängigsten Durchhalteparole des West-Berliners:

Der Insulaner verliert die Ruhe nicht
Der Insulaner liebt keen Jetue nich.
Der Insulaner hofft unbeirrt,
Dass seine Insel wieder'n schönes Festland wird.

Tatjana Sais, Walter Gross und Agnes Windeck genießen eine ungeheure Popularität. Ebenso wie Wolfgang Gruner,

Achim Strietzel und Inge Wolffberg aus dem Ensemble der 1949 gegründeten Stachelschweine. Sie nehmen den West-Berliner gehörig auf die Schippe, und der West-Berliner freut sich, dass er so interessant ist, um auf die Schippe genommen zu werden. Zu einem ähnlichen Kultstatus, wenn auch mehr in Richtung Sitcom und Blödelei, bringen es Dieter Hallervorden (»Didi«), der bei den Wühlmäusen begonnen hat, und Karl Dall, der mit Peter Ehlebracht und Jürgen Barz im Anhang von (Ingo) Insterburg & Co. verborgen ist und zuerst im Reichskabarett auftritt. »Ich kannte ein Mädchen im Wedding, das wollte immer nur Petting«, sang jeder West-Berliner. Ebenso wie die »Kreuzberger Nächte«, die von den Gebrüdern Blattschuß (unter ihnen Jürgen von der Lippe) glorifiziert wurden: die »fangen ganz langsam an, aber dann ...«.

Was die Literatur betrifft, so jammert der West-Berliner, dass es *den* (West-)Berlin-Roman nicht gibt, nimmt man die großen Klassiker als Maßstab, zum Beispiel *Jettchen Gebert* (Georg Hermann), *Die Koblanks* (Erdmann Gräser), *Berlin Alexanderplatz* (Alfred Döblin), *Ein Mann will nach oben* (Hans Fallada) oder *Käsebier erobert den Kurfürstendamm* (Gabriele Terget). So kann es passieren, dass im West-Berlin-Führer *Berlins Top Ten* von 1987 (unersetzliche Fundgrube bei der Erinnerung an »die guten alten Zeiten«) als literarischer Exportschlager die Krimis von -ky auftauchen: »(...) jener -ky, unter dessen Kürzel seit Jahren in Rowohlts renommierter Reihe ein anspruchsvoller Krimi nach dem anderen erschien: durchaus satirisch imprägnierte Storys, milieupräzis und unterhaltsam (...).« Hört der West-Berliner das Wort Literatur, dann denkt er aber weniger an Bücher als vielmehr an Buchhandlungen wie Elwert & Meurer am südlichen Ende der Hauptstraße und Kiepert am Ernst-Reuter-Platz oder an Institutionen wie das Literaturhaus in der Fasanenstraße und das Literarische Colloquium Berlin (LCB) am Wannsee, »created by Walter Höllerer«.

An weiteren Tempeln für Hoch- und Volkskultur im alten West-Berlin wären noch die Urania an der Kleiststraße, die Ufa-Fabrik in Tempelhof, die Wilhelm-Foerster-Sternwarte auf dem Insulaner und das Buddhistische Haus in Frohnau zu nennen. Alle gehören zu den Teilen, die das Gesamtsystem West-Berlin ausmachen und dem West-Berliner das Gefühl geben, in einer Stadt zu leben, deren Vielfalt einmalig ist. Das ist der (Größen-)Wahn des West-Berliners. Im Bleuler, dem psychiatrischen Standardwerk, steht dazu der schöne Satz: »Gegen den Wahn helfen keine rationalen Argumente.« Also kann man dem West-Berliner auch nicht mit New York, Paris oder anderen Metropolen kommen.

West-Berlin ist eine Stadt der Kinos, und der West-Berliner geht öfter ins Gloria, ins Marmorhaus, ins Delphi und in den Zoo-Palast, als er Geschlechtsverkehr hat.

Dies ist natürlich empirisch nicht abgesichert und dient lediglich als Übergang zum nächsten Kapitel, zum öffentlichen Personennahverkehr (ÖPNV) und motorisierten Individualverkehr (MIV), wo der West-Berliner mit einigem Stolz vieles vorweisen kann.

Sein Nahverkehr

Da ist mit einer Absurdität zu beginnen, denn ganz besonders stolz ist der West-Berliner darauf, dass er ein Verkehrsmittel *nicht* benutzt, die S-Bahn nämlich. Dabei hat sie einst als das weltweit modernste System gegolten, und er bräuchte sie dringend, um mit den Staus auf seinen Straßen und dem Mief des MIVs, des Motorisierten Individualverkehrs, fertig zu werden. In Herbst und Winter droht ständig Smog-Alarm, im Sommer ist es der erhöhte Ozonwert. Und trotzdem lässt der West-Berliner seine wunderbare S-Bahn links liegen, denn deren Betriebsrechte hat, so die Vereinbarung der Alliierten nach Kriegsende, die Reichsbahn der DDR, und nach dem Bau der Mauer schlägt der erboste West-Berliner auf die S-Bahn ein und meint Walter Ulbricht. »Jeder West-Berliner, der S-Bahn fährt, bezahlt den Stacheldraht am Brandenburger Tor«, heißt es nach dem 13. August 1961, und dieser Bannfluch wird bis zur Wende nicht aufgehoben. Bis auf die Zubringer zum Grenzübergang Bahnhof Friedrichstraße werden alle Strecken stillgelegt. Die Bahnhöfe vergammeln, und auf den Gleisen wachsen Birken und wuchert das Grün. Das macht die Grünen so glücklich, dass sie den Begriff Spontanbiotop erfinden; West-Berlin wird zum großen Kraftquell ihrer Bewegung. Und in Scharen kommen die Fotografen und Jung- wie Altfilmer an die Spree, um den ganz besonderen Charme einzufangen, den die langsam verwesenden S-Bahnanlagen mehr und mehr zu bieten haben. Wieder kann der West-Berliner das tun, was er so liebt, nämlich dem Rest der Welt zurufen: »Ätsch, det habt ihr nich!«

Auch die sogenannten Geisterbahnhöfe, die S- und U-Bahnhöfe, die im Ostteil der Stadt liegen und von den Bahnen des West-Berliners ohne Halt durchfahren werden, sind von globaler Einmaligkeit. Ihre Eingänge sind zugemauert, im Halbdunkel liegen sie, einsam, verstaubt und unheimlich; und in irgendeinem Versteck lauern die Grenzschützer. Geheimnisträger aus der Bundesrepublik dürfen die Linien nicht benutzen, die unter Ost-Berlin entlanglaufen, denn wenn es einmal einen Unfall oder eine technische Störung geben sollte, in DDR-Deutsch eine Havarie, dann müsste man damit rechnen, hoppgenommen zu werden. Weniger die West-Berliner, die das gewohnt sind, als die Besucher aus dem Westen holen sich hier die Portion an Angstlust, von der sich später an Rhein, Ruhr, Main, Mosel, Neckar, Elbe, Weser, Hunte und Luhe so schön berichten lässt. Zum Ruhme des West-Berliners.

Stolz ist der West-Berliner auch darauf, der Straßenbahn den Garaus gemacht zu haben. Feierlich wird am 2. Oktober 1967 die 55 (Spandau, Hakenfelde – Bahnhof Zoo, Hardenbergstraße) als letzte Linie eingestellt. Die Straßenbahn gilt als altmodisch, modern sind U-Bahn und Bus, und der West-Berliner fühlt sich in dieser Sicht bestätigt, wenn er die Klapperkästen sieht, die seine Brüder und Schwestern in Ost-Berlin bis weit über die Verschleißgrenze fahren lassen. Auch die Reko-Züge aus Schöneweide oder die neuentwickelten Fahrzeuge aus

Gotha lassen ihn ob ihres Low-Tech-Standards nur Hohn lachen.

Die Doppeldeckerbusse, die Großen Gelben, sind das Markenzeichen West-Berlins. Sitzt man oben – am besten erster Rang, erste Reihe –, so hat man das Sightseeing als Dreingabe und kann das muntere Treiben auf den Straßen genießen. Dass die Busfahrpläne in der Hauptverkehrszeit, Insidern als HVZ bekannt, keinerlei Aufschluss über die wirklichen Abfahrzeiten geben und dass Busfahren eine fürchterliche Drängelorgie ist, interessiert den West-Berliner nicht. Auch nicht, dass der Busfahrer als solcher ein mächtiger Muffelkopp ist, sich wie der Kapitän eines Ozeanriesen vorkommt und nur ein großes Hobby hat: den Berlinern, die angehechelt kommen, im letzten Augenblick die Tür vor der Nase zuzuschlagen und loszufahren. Und das in der Manier der Formel I, auf dass auch alles durcheinanderpurzelt. Der West-Berliner wertet dies als Zeichen dafür, dass man New York sehr nahe gekommen ist, was Raubeinigkeit und Härte betrifft.

In höchsten Tönen schwärmt der West-Berliner von seiner U-Bahn, zumal in Ost-Berlin nur ein lächerliches Restnetz existiert. Dass sich lebensmüde Mitmenschen gern vor die U-Bahnzüge werfen, erfüllt ihn mit klammheimlicher Freude, denn eine hohe Selbstmordrate ist allemal ein Zeichen für den geheimen Zauber einer Stadt. Das Morbide zieht Schriftsteller, Dichter, Maler, Tänzer, Schauspieler und Filmemacher an und sorgt dafür, dass seine (Halb-)Stadt in aller Munde ist. Die *Linie 1*, das Musical aus dem Gripstheater, ist das beste Beispiel dafür, wie man die Berliner U- beziehungsweise Hochbahn ausschlachten und vermarkten kann. Und kein Geringerer als Günther Grass hat etwas geschrieben, das mit dem Gleisdreieck zu tun hat. Für den männlichen West-Berliner ist die U-Bahn eine erotische Angelegenheit: Da gleitet ständig etwas in eine Röhre hinein. Philosophen sehen in ihr das Prinzip Hoffnung versinnbildlicht: Immer wieder gibt es Licht am Ende des Tunnels. Um der Vereinsamung des Menschen vorzubeugen, haben die West-Berliner U-Bahn-Bauer die modernen Umsteigebahnhöfe, etwa Zoologischer Garten, Leopoldplatz oder Berliner Straße, so angelegt, dass enger Körperkontakt ungestört stattfinden kann. Auch an Kirchentage hat man gedacht: Der Bahnhof Rathaus Spandau kann jederzeit als Kathedrale genutzt werden. Am besten geeignet für das Marathontraining sind die Stationen Kottbusser Tor und Gesundbrunnen. Für den schönsten seiner Bahnhöfe hält der West-Berliner aber die Endstation Schlesisches Tor, die aussieht wie eine märkische Burg.

Um seine (Halb-)Stadt der Welt als die herausragende Hightech-Schmiede zu präsentieren, hat sich der West-Berliner die M(für Magnet)-Bahn aufschwatzen lassen. Die Träume seiner zu allem, nur mitunter nicht zu ihrem Job berufenen Politiker gehen hin bis zu Plänen, die alten U-Bahnstrecken des Kleinprofils durch die M-Bahn zu ersetzen. Leider sind deren Wägelchen so klein, dass sie an Postkutschen erinnern; und dann ist auch noch einer der Probezüge nicht mehr zu bremsen und durchbricht am 19. Dezember 1988 die Front des Endbahnhofs am Kemperplatz. Alles wird abgerissen, Millionen werden abgeschrieben.

An seiner M-Bahn konnte sich der West-Berliner nur kurze Zeit erfreuen, seine Droschken, Kraftdroschken und Taxis aber haben eine lange Geschichte. Der Taxifahrer ist sozusagen die Krönung des West-Berliners – Folge einer ganz besonderen Selbstauslese. Sein Fahrzeug ist reichlich gebraucht und müffelt nach Schweiß, Käsestullen und Kaffee aus der Thermoskanne. Er selbst ist entweder ein auserwählter Schweiger wie weiland Moltke, oder aber er nutzt seine Taxe zu ungebremster politischer Agitation, wobei er hohe Werte auf der F-, der Faschismus-Skala aufweist. Allergisch ist er gegen alles Undeutsche. So weigert er sich auch, ein bisschen Englisch zu lernen. Deutsch als Fremdsprache reicht ihm. Er kennt alle optimalen Verbindungen zwischen zwei Punkten, und wenn sie der Fahrgast doch noch besser kennt, hält er an und fragt den Besserwisser, ob er nicht lieber aussteigen wolle. Der West-Berliner hält diese seine Taxifahrer allesamt für Originale und ist mächtig stolz auf sie.

Eine Bahn liebt der West-Berliner ganz besonders: seine Stadtautobahn. Besonders unter dem Funkturm lassen ihn ihre Verschlingungen, Kurven und Überwerfungen an Los Angeles denken, doch das Schönste an ihr ist, dass die Ost-Berliner keine haben. Die sind so neidisch auf dieses Wunderwerk der Straßenbaukunst, dass sie am Sachsendamm, wo alles Land der DDR-Reichsbahn gehört, keinen Quadratmeter rausrücken wollen, so dass der West-Berliner dort die innerstädtische Autobahn nicht weiterbauen kann und sich seine wunderbaren Wagen jeden Tag im Engpass stauen.

Auch wenn der West-Berliner die Fernbahn meidet, gibt es im Herzen seiner (Halb-)Stadt den Bahnhof Zoo, eigentlich Zoologischer Garten. Da Gewimmel und Gewusel zu einer Metropole gehören, Bahnreisende aber kaum anfallen, muss sich der West-Berliner etwas einfallen lassen, um Leben in die Bude zu bringen. Und mit viel stadtplanerischem und sozialpolitischem Geschick schafft er das auch; die verkehrstechnisch eher nachrangige Station wird zum kultigen Treffpunkt von Strichern, Alkoholikern, Drogenabhängigen, Stadtstreichern (»Pennern«), psychisch auffälligen Menschen, Eckenstehern mit Nante-Touch und Kleinkriminellen, also ein Beleg dafür, dass West-Berlin eine Weltstadt ist, und Köder für Touristen, die an der Spree das Gruseln lernen wollen. Das Buch zur Realität – Christiane F., *Wir Kinder vom Bahnhof Zoo* – ist eine großartige Berlin-Werbung.

Eine Stadt ist nur, wenn sie in den Medien ist. Das spürt der West-Berliner instinktiv, und er ist dankbar für den Bahnhof Zoo, fliegt aber lieber in die Bundesrepublik oder ins richtige Ausland, weil ihm das die Kontakte mit der DDR und ihren Organen erspart. Zunächst geht es von Tempelhof hoch in die Luft, später dann von Tegel. Der Flughafenneubau ist ein Hit, und der West-Berliner benennt ihn natürlich nach keinem geringeren als Otto von Lilienthal. Der ist schließlich genuiner West-Berliner, hat er doch seinen Fliegerberg in Lichterfelde aufgeschüttet. Also ist West-Berlin die Wiege der Fliegerei und damit der

Moderne. Dass die ersten Raketen in Jungfernheide in die Luft geschossen wurden, da, wo der West-Berliner seinen Tegeler Flugplatz angelegt hat, stützt diese These.

Zwar sind die Luftstraßen, die drei Luftkorridore in den Westen, die wichtigsten Straßen für den West-Berliner, aber auch diverse im Stadtplan zu findende Straßen und Plätze findet er riesig.

Seine Straßen und Plätze

Der Kurfürstendamm ist für den West-Berliner bekanntlich *die* Straße schlechthin. Außerdem zählt *Berlins Top Ten* noch auf: die Tauentzienstraße mit Europacenter und KaDeWe, die Potsdamer Straße mit der Staatsbibliothek, der Nationalgalerie, der Philharmonie und dem Straßenstrich in der Nähe, die Wilmersdorfer Straße mit Kaufhäusern, kleinen Läden und dem Schlemmertempel von Rogacki (gesprochen: Rogatzki), die Schloßstraße mit dem Forum Steglitz und dem Bierpinsel, die Oranienstraße mit viel türkischem Flair und den berühmten Kreuzberger Nächten, die Karl-Marx-Straße in Neukölln mit Rathaus, Post, Hertie, C&A und dem Fisch- und Feinkosthändler Kropp, den Straßenzug Gneisenau-/Yorckstraße mit einem richtigen Rathaus und einem der Alternativszene sowie einem Kultkino und die Friedrichstraße mit dem Checkpoint Charlie.

Womit protzt der West-Berliner noch? Mit der Bleistreu-, eigentlich Bleibtreustraße, die den Kudamm kreuzt und am 27. Juni 1970 groß herausgekommen ist, als sich vor dem Lokal Bukarest, das ist die Hausnummer 45, zwei Banden einen filmreifen Schusswechsel liefern, eine iranische und eine, an deren Spitze Klaus Speer zu finden ist, der König der Berliner Unterwelt. Dass es die gibt, findet der West-Berliner phantastisch, und er ist begeistert, als sich Jahre später in ihr gar ein Bordellbetreiber findet, der mit dem schönen Namen Otto Schwanz ausgestattet ist. Gigantisch findet er auch die Ost-West-Achse, die als Straße des 17. Juni am Brandenburger Tor beginnt, sich durch den Tiergarten zieht, von der Siegessäule und dem Ernst-Reuter-Platz zum Kreisverkehr gezwungen wird, um sich dann als Bismarckstraße und Kaiserdamm bis hinauf zum Theodor-Heuss-Platz hinzuziehen. In den Nachtstunden dient sie den Damen vom horizontalen Gewerbe als Präsentierteller, und einmal im Jahr präsentieren hier die Soldaten der alliierten Schutzmächte unter dem großen Beifall des West-Berliners ihre Stärke – die militärische beim Vorbeimarsch.

An Plätzen hebt *Berlins Top Ten* hervor: den Breitscheidplatz mit Kaiser-Wilhelm-Gedächtniskirche, Europacenter und einem »Wasserklops« genannten Brunnen, den Savignyplatz mit seinen Restaurants und den Buchläden in den S-Bahnbögen, den Olivaer Platz mit den vielen Reisebüros – lässt sich der West-Berliner beim Fernweh doch kaum übertreffen –, den Chamissoplatz in Kreuzberg als ein Stück guterhaltenes Alt-Berlin, den Fehrbelliner Platz mit seiner Häufung von Ämtern mit restaurierter NS-Architektur, den Nollendorfplatz mit dem Flohmarkt

Anschluss an den »Internationalen Stil«: Europacenter von 1981

oben auf dem stillgelegten Hochbahnhof, wo abgestellte U-Bahnwagen als Läden dienen, den Großen Stern mit der Siegessäule und den mit Sexläden reich gesegneten Stuttgarter Platz, von dem in den 50er Jahren die Reisebusse nach Westdeutschland abgefahren sind.

Was gibt es noch für Plätze und Plätzchen, die dem West-Berliner viel bedeuten? Da wäre zuerst der Platz der Luftbrücke mit dem entsprechend benannten Denkmal, dann der Platz der Republik, wo der West-Berliner bei Großkundgebungen Abscheu und Empörung über die Machthaber in Pankow und im Kreml zum Ausdruck bringen kann, und der Potsdamer Platz, einst der verkehrsreichste Platz der Welt, nun eine öde Fläche an der Grenze, aber durch Wim Wenders und seinem *Himmel über Berlin* wieder zu Weltruhm gekommen. Auch der Olympische, der Hardenberg-, der Ernst-Reuter-, der Hermannplatz, der Wittenberg-, der Leopold-, der Jakob-Kaiser- und der Bayerische Platz lassen die (Halb-)Stadt für den West-Berliner zum schönsten Platz der Welt werden und ihn freudig Schokoplätzchen mampfen.

Lieb geworden ist dem West-Berliner auch ein allseits bekannter Platz, der in keinem Stadtplan oder -atlas verzeichnet ist: der Berliner Platz, eine Diskussionsrunde des SFB, Drittes Programm, wo live lokale Probleme abgehandelt werden und sich Bürger in erregtem Zustand zeigen können.

Seine Parks und Ausflugsziele

Überall auf der Welt gibt es Renegaten und Verräter, und so muss auch der West-Berliner zähneknirschend registrieren, dass jährlich Zehntausende feige und ehrlos die Frontstadt verlassen und nach Westdeutschland oder ins Ausland gehen. Diese Abstromquote, dieses Ausbluten, wächst sich langsam zum Trauma aus, und so wird jeder Zuzug mit offenen Armen begrüßt. Da aber nicht jeder frei gewordene Arbeitsplatz sofort mit einem anatolischen Bauern besetzt werden kann, muss der West-Berliner auch um die buhlen, die im Osten in die Kategorie »Intelligenzia« fallen, um Manager und Chefärzte, Journalisten und Politiker. Und diese Menschen sind nur bereit, in die Festung West-Berlin zu kommen, wenn man ihnen etwas bieten kann. Viel Kultur und Nachtleben zum Beispiel, aber auch am Wochenende ganz bestimmte Glücksmomente. Zum Beispiel das Schwimmen in kristallklaren Gewässern, das Segeln auf endlosen Seen und das Wandern und Joggen durch sauerstoffreiche Wälder und Parks. »Aber doch nicht in West-Berlin – das ist doch nur 'ne Steinwüste.« Gegen dieses Vorurteil kämpft nun der West-Berliner mit aller Kraft und sucht mit Hilfe vieler Werbekampagnen den Westdeutschen klarzumachen, dass (West-)Berlin eine Stadt im Grünen ist, eine Stadt mit viel Grün in ihren Straßen und auf ihren Hinterhöfen. Der West-Berliner erinnert sich also an ein Motto seiner Vorfahren – »Neh'm Se Jrün, det hebt Ihnen« – und sieht sein WB als eine einzige große Gartenstadt.

Wichtig ist das viele Grün aber nicht nur, um Blutauffrischer in die (Halb-)Stadt zu locken, sondern auch, um die Moral des West-Berliners zu stärken, gibt es ihm doch das Gefühl, autark zu sein. Er braucht weder die Schorfheide oder den Spreewald noch die Lüneburger Heide oder den Harz, um sich das nötige Quantum an Grün und Sauerstoff zu holen, er hat das alles innerhalb seiner Festungsmauern.

Parks gibt es ja auch wirklich »en masse de füll«, wie es der ältere Berliner in Erinnerung an die vielen früher zugezogenen Hugenotten gern ausdrückt. Der größte Stolz des West-Berliners ist der Tiergarten. Er betritt ihn stets mit einem hehren Gefühl, so als könnte er jeden Augenblick dem Kaiser beim Ausritt begegnen. Dass ihn Mitbürger fremder Ethnien im Sommer durch exzessives Grillen entweihen, stört ihn gewaltig. Generell findet er es weniger schön, dass manche ausgedehnte Grünanlage als Volkspark ausgewiesen ist, denn Volk klingt sehr nach Prolet – und ein bisschen gehobener hätte er es schon gern. Eine große Tradition hat der Volkspark Hasenheide: Hier ist der deutsche Sport geboren worden, hier hat Turnvater Jahn seine Geräte aufgebaut, um die Jugend zu stählen. Außerdem hat sich früher ganz Berlin in der Hasenheide amüsiert (»In Rixdorf is Musike«), und die kaiserlichen Soldaten der angrenzenden Kasernen haben genügend Büsche vorgefunden, um das in die Tat umzusetzen, was alter Brauch war: »Ist der Mai warm und trocken, kann man schon im Freien bocken.« Der Name Bockbier beweist es. Ansonsten gibt es in WB noch die Volksparks Jungfernheide, Mariendorf, Rehberge und Wilmersdorf.

Das Gegenstück zum Volks- ist der Schlosspark, und da ist der Schlosspark Charlottenburg das größte Kleinod. Gänzlich ungestört von Radfahrern und kläffenden wie kackenden Hunden kann der West-Berliner auf dem streng eingezäunten Gelände der Bundesgartenschau Berlin 1985 lustwandeln, im Britzer Garten oder Park. Hier frühstückt er sonntags gern mit seiner Mischpoke im Café am See. Kultischen Status genießt auch der Humboldthain am Gesundbrunnen. Dies vor allem wegen der 85 Meter messenden Humboldthöhe, die durch Zuschütten großer Bunkeranlagen entstanden ist. Gänzlich sprengen hat man die Hochbunker nicht können – ihre Türme ragen noch heute aus dem Grün heraus und ermöglichen einen Blick weit hinaus ins Havelland und in den Barnim.

Auch auf seine vielen Seen und Freibäder ist der West-Berliner stolz. An der Spitze steht natürlich der Wannsee, von Cornelia Froboess (»Pack die Badehose ein, nimm dein kleines Schwesterlein, und dann nischt wie raus zum Wannsee …«) allen in die Ohren gewurmt. Das Bad an seinem Strand ist das größte an einem europäischen Binnensee. Badeanstalten im Grünen liegen auch noch am Heiligen, am Halen-, am Plötzen- und am Tegeler See (»Auf dem Tegeler See / kocht ein Segler Tee«).

Am Wochenende fliegt der West-Berliner gern gezielt aus, manchmal nach Hannover, Bremen, Hamburg, Düsseldorf, Köln/Bonn, Frankfurt, Stuttgart oder München, meistens aber nur dahin, wohin ihn U-Bahn und Busse billig bringen oder ihn unterwegs, fährt er im eigenen Wagen, keine Grenzkontrollen nerven. Fast so oft wie der

Finne seine Sauna besucht der West-Berliner seinen Zoo. Im Winter und bei Wolkenbrüchen weicht er auch schon einmal ins angrenzende Aquarium aus. Viele West-Berliner lieben ihren Zoologischen Garten derart, dass sie ihm per Testament ihr ganzes Vermögen vermachen. Ist dieses nicht so groß, dass es für den Ankauf eines Säbelzahntigers reicht, begnügt man sich damit, eine Bank zu stiften und ein glänzendes Messingschild mit Vor- und Nachnamen an der Lehne anbringen zu lassen. Da der West-Berliner auf die Frage seiner Kinder »Was machen wir'n heute?« nicht 52 Mal im Jahr mit »Wir gehen in den Zoo!« antworten kann, muss er ihnen auch schon mal Schildhorn, den Grunewaldturm, Moorlake, Nikolskoe, den Teufelsberg oder die Pfaueninsel vorschlagen. Auch eine Dampferfahrt steht jeden Sommer auf dem Programm, zumindest geht es mit der BVG-Fähre vom Ortsteil Wannsee hinüber nach Kladow. Ein Hit ist auch Lübars, das letzte Dorf, das der West-Berliner auf seinem Territorium noch hat, weil man hier so schön Pferde sehen und ohne viel Mühe ins Tegeler Fließ fallen kann. Auch Rundgänge um die Krumme Lanke und/oder den Schlachtensee sind nicht unbeliebt, und beide Gewässer bieten in zugefrorenem Zustand beste Möglichkeiten, Schlittschuh zu laufen und sich das Handgelenk zu brechen. Zum absoluten Muss gehört der Besuch des Botanischen Gartens. Viel Botanik bieten auch die ausgedehnten Forste, insbesondere in Grunewald und Tegel. Ist die Zeit der Erntedankfeste gekommen, pilgert man zur Domäne Dahlem. Den gebildeten West-Berliner zieht es immer wieder zum Kleistgrab am Kleinen Wannsee.

Berlins Top Ten nennt als die wichtigsten Ausflugsziele in WB: die Pfaueninsel mit Meierei und Schlösschen, die Gatower Heide mit nahem Flug- und Schießplatz der Briten, den Glienicker Park mit dem Schlösschen des Prinzen Carl von Preußen, das Tegeler Fließ und den Spandauer Forst.

Die Botschaft, die der West-Berliner dem Rest der Welt vermitteln will, ist klar: (West-)Berlin tut gut, und (West-)Berlin ist nicht nur eine Reise wert, sondern schreit danach, Dauerwohnsitz eines jeden (West-)Deutschen zu werden. Aber nicht nur sein Grün ist einmalig und stellt alle ausgewiesenen Urlaubsorte in den Schatten, sondern auch sein sonstiges Angebot an gehobener Lebensart ist vortrefflich.

Seine Ars-vivendi-Angebote

Für den West-Berliner ist seine (Halb-)Stadt ein einziger Gourmet-Tempel, mit der Delikatessenabteilung unter dem Dach des KaDeWe als Krönung. Warum denn nach Paris, New York oder Las Vegas gehen – WB ist doch besser! Findet jedenfalls der West-Berliner und kann im Nu eine Reihe von Orten und Adressen nennen, wo man erstklassig einkaufen, essen und trinken und sich unterhalten lassen kann.

Das KaDeWe gilt als Konsum-Kathedrale Nummer eins. In der absoluten Weltspitze sieht der West-Berliner auch die Geschäfte am Kurfürstendamm, jedenfalls zwischen Lehniner Platz und Breitscheidplatz, und in einigen seiner Nebenstraßen.

Stolz ist er aber auch auf seine Märkte, wo es nach seiner Meinung mindestens doppelt so urig zugeht wie auf dem Münchener Viktualienmarkt. Auf dem Winterfeldtmarkt in Schöneberg treffen Politprominenz und die Typen aus der alternativen Szene zusammen, auf dem Markt am Maybachufer, an der Kottbusser Brücke, geht es überwiegend türkisch zu und auf dem Wochenmarkt auf dem John-F.-Kennedy-Platz vor dem Schöneberger Rathaus gutbürgerlich. Außerdem hat jeder Kiez seinen eigenen Markt. Als einmalig gelten die Markthallen, so die am Marheinekeplatz und in der Arminius-, der Müller- und der Eisenbahnstraße. Den Flohmarkt hält der West-Berliner sogar für seine ureigene Erfindung. Überall im Stadtgebiet gibt es solche Second- bis Tenth-Hand-Märkte. Anfangs stellte man als braver Bürger West-Berlins seinen Trödel an den Rand des Bürgersteigs und wartete, bis die Sperrabfuhr der BSR gekommen war. Die Verwaltung hatte sich dieses Verfahren in mühsamem Brainstorming ausgedacht, damit nicht aller Krempel in den Grunewald verbracht wurde und stillere Straßen nicht zu Müllkippen verkamen. Dann begriffen aber pfiffige Menschen ihre Chance, zogen suchend durch die Stadt und fischten sich die Stücke heraus, die einen bestimmten inneren Wert für sie hatten, um damit ihre traute WG auszuschmücken. Es war also eine Nachfrage nach gebrauchten Möbeln, Geräten, Büchern, Nippessachen und dergleichen vorhanden, und um nicht alles den professionellen Händlern zu überlassen, mietet man sich bald stundenweise Stände und verkauft – beziehungsweise zieht los, um selber zu kaufen. Selbst bei Akademikern gilt es als »chic«, sonntags zu trödeln. Die bekanntesten Flohmärkte sind die an der Straße des 17. Juni, am Kreuzberger Reichpietschufer und im Kudamm-Karree.

Aus der Tatsache, dass es in den Mauern seiner (Halb-) Stadt keine abgehobene Schicht von Neureichen und keine Kaste von bornierten Altreichen und Adligen (mehr) gibt, leitet der West-Berliner einen Teil seiner Überlegenheit ab: Bei uns gelten alle Menschen gleich viel. Auch wenn die einen ihre Möbel bei Ikea kaufen und die anderen im Haus Döhler in der Budapester Straße. Teure Antiquitäten gibt es vorwiegend in der Fasanen-, Keith-, Motz-, Nollendorf-, Eisenacher und Pariser Straße, und wer mehr an die Wand hängen will als einen rasch bei Karstadt erstandenen Druck, der findet hier eine Reihe von Galerien, so Pels-Leusden in der Villa Grisebach, Brusberg, Poll, Springer und Lietzow.

Wenn die Völker der Welt zum Einkaufen nach West-Berlin kommen, dann finden sie alles vor, was ihr Herz begehrt. Und indem sie kaufen, begehen sie gleichzeitig auch eine gute Tat: Sie verteidigen die Freiheit und den Wohlstand des Westens gegen die planetare Bedrohung des Kommunismus. Der West-Berliner hat die Adressen alle gespeichert und kann sie auf Knopfdruck abrufen: Damenmode? Horn, Kurfürstendamm. Herrenmode? Mientus, Kurfürstendamm und Wilmersdorfer Straße. Schallplatten? Bote & Bock, Europacenter, Herder,

Kurfürstendamm, und WOM, Augsburger Straße (Wertheim). Besondere Geschenke? Berliner Zinnfiguren-Kabinett, Knesebeckstraße, Küchenladen, ebenda, und KPM, Kurfürstendamm.

Auch phantastische Hotels hat der West-Berliner seinen Gästen zu bieten, so das Bristol Hotel Kempinski am Kurfürstendamm, das Steigenberger Berlin am Los-Angeles-Platz, das Inter-Continental und den Schweizerhof in der Budapester Straße, das Palace im Europacenter und das Hotel Berlin in der Kurfürstenstraße.

Der West-Berliner als solcher schwört zwar auf seine Currywurst, zumal die am 4. September 1949 von der Wurstbudeninhaberin Herta Heuwer am Stuttgarter Platz erfunden worden ist, kann aber dennoch auf Anhieb die Namen einiger Gourmetrestaurants herunterrasseln: Rockendorf in Waidmannslust, Frühsammer an der Rehwiese in Nikolassee, der Bamberger Reiter in der Regensburger Straße. Dann fallen ihm noch ein: Mario in der Leibnizstraße, die Paris Bar in der Kantstraße, das Funkturm-Restaurant, die Wannseeterrassen, das Blockhaus Nikolskoe, Hardtke in der Meinekestraße, Heinz Holl in der Damaschkestraße, die Kleine Weltlaterne in der Nestorstraße, der Alte Dorfkrug in Lübars, Zum lustigen Finken, ebenda, Diener in der Grolmannstraße, der Zwiebelfisch am Savignyplatz, die Nolle am Nollendorfplatz, Joe's am Kudamm, der I-Punkt oben auf dem Europacenter, das New Eden am Kurfürstendamm und die Zitadellen-Schenke am Juliusturm in Spandau. Die größte Disco befindet sich im alten Metropol-Theater am Nollendorfplatz, wie aus der Pistole geschossen nennt aber der West-Berliner das Big Eden am Kurfürstendamm, die Eierschale, die Badewanne und das Riverboat.

Dass seine (Halb-)Stadt auch unschlagbar ist, wenn es um Jazz und Live-Music geht, ist für den West-Berliner selbstverständlich. Auch wenn er sich das nie antut und diese Stätten selbst bei Androhung von Waffengewalt nie aufsuchen würde, weil Musik, wie Wilhelm Busch genial erkannt hat, nun eben auch mit Geräusch verbunden ist, kennt er doch das Quasimodo in der Kantstraße, das Quartier Latin in der Potsdamer Straße, das Flöz in der Nassauischen Straße, das Tempodrom im Tiergarten, das Yorckschlösschen in der Yorckstraße und das Go in der Bleibtreustraße.

Großartig findet es der West-Berliner auch, dass es in seinem Teil der Stadt so viele schöne Bordelle und Orte für den Straßenstrich gibt, wobei er davon ausgeht, dass die in diesem Bereich tätigen Damen ausschließlich von WB-Besuchern frequentiert werden. Das Bel Ami in der Reichssportfeldstraße, Caesars Palace in der Hagenstraße oder das Dorett in der Fasanenstraße kennt der West-Berliner aus der Boulevardpresse. Zur Weltstadt gehört eben das Verruchte, und je mehr West-Berlin davon hat, umso besser. Die unbestrittene Hauptstadt der Schwulen ist das westliche Berlin sowieso, und jeder West-Berliner kennt das SchwuZ in der Hasenheide und die Buchhandlung Prinz Eisenherz in der Bülow- beziehungsweise Bleibtreustraße. Beliebte Institutionen zur Anbahnung zwischenmenschlicher Kontakte sind auch das Café Keese und das

Resi in der Hasenheide. Wer seine Chance beim anderen oder beim selben Geschlecht erhöhen will, geht vorher noch zum Star-Friseur beziehungsweise »Coiffeur« am Kurfürstendamm, etwa zu Udo Walz oder zu Monsieur Milan.

Sosehr der West-Berliner auf der einen Seite dem Rest der Welt beweisen will, dass es bei ihm nobel zugeht und der Jetset an Spree und Havel nichts entbehren muss, so sehr schätzt er auf der anderen eher plebejische Belustigungen wie das Deutsch-Französische und das Deutsch-Amerikanische Volksfest, einmal jährlich im Sektor der betreffenden Schutzmacht veranstaltet, am Kurt-Schumacher-Damm und am Hüttenweg. Hier zeigt sich wieder ganz deutlich, dass alles, was der West-Berliner tut, multifunktional ist und einem höheren Zwecke dient. So amüsiert er sich bei der Fahrt mit der Geisterbahn nicht nur, sondern stärkt damit auch die Verbundenheit mit Frankreich und den USA. Man kann auch sagen, er huldigt den Herrschenden, damit sie ihre Hand weiter schützend über ihn halten. Was die Engländer beziehungsweise Briten betrifft, hat es nie zu einem verbrüdernden Volksfest gereicht, dafür gibt es zum Geburtstag der Königin eine spektakuläre Parade auf dem Maifeld.

Käme der größte deutsche Soziologe aller Zeiten, käme Max Weber nach West-Berlin, würde er sich über das freuen, was er einmal die »nivellierte Massendemokratie« genannt hat. So gleich ist man in keiner anderen Stadt in Nord-, Süd- und Westdeutschland. Das mag darin begründet liegen, dass die großen Unternehmen und die

Reichen nach dem Krieg Berlin verlassen haben, ist aber vielleicht auch dem Charakterzug des Berliners zu verdanken, »die da oben« nicht zu Halbgöttern zu stilisieren, sondern – zumindest verbal – gern vom Sockel zu holen: »Der König macht beim Kacken ooch bloß die Knie krumm.« In WB kommt noch dazu, dass sich alle – ob Großverdiener oder Tagelöhner – als Schicksalsgemeinschaft fühlen. Man muss eng zusammenhalten, man darf sich nicht in internen Konflikten zerfleischen, will man den Kommunisten standhalten.

Für Niklas Luhmann, um noch einen weiteren großen Soziologen ins Spiel zu bringen, wäre WB ein sehr schönes autopoietisches beziehungsweise selbstreferentielles System, das heißt, man konzentriert sich auf die Aufrechterhaltung der eigenen Identität und die Produktion wie Reproduktion aller Elemente durch sich selbst. Das gelingt so wunderbar, weil die Zufuhr der materiellen Ressourcen und der Schutz vor Aggressoren von außen erfolgt. So wird die Heimat des West-Berliners im zerrissenen Europa und angesichts eines drohenden Atomkriegs zu einer biedermeierlichen Idylle. Sinnbild dafür ist die Laubenpieper-Kultur, die der West-Berliner zur Blüte bringt. Nicht nur die, die sich kein Reihenhaus mit Vorgarten leisten können, zieht es zur Parzelle in der Laubenkolonie Pflanzerglück, sondern auch die idealistische Linke, insbesondere jene aus den politologischen und den Lehrerseminaren. Denn wer die Revolution will, muss nicht nur den langen Marsch durch die Institutionen wagen, sondern sich auch unters Volk mischen und da am Grill bei Dosenbier kräftig agitieren. Die Laubenpieper-Kultur des West-Berliners kulminiert darin, dass man als mehr oder minder Linker in der SPD nur Karriere machen kann, wenn man zum Fest auf Harry Ristocks Laube eingeladen wird, und dass der Senat den alljährlich in Bonn stattfindenden Tag des Landes Berlin als Laubenpieperfest organisiert. Auch das ist eine politische Willenskundgebung, denn wie singen doch die Insulaner: »Der Berliner verliert die Ruhe nicht.« Und die Laube ist für den West-Berliner ein Synonym für die damit gemeinte Ruhe.

Wer nun meint, der West-Berliner sei lahmarschig, der kriegt – rau aber herzlich – eins auf die Schnauze, denn auch im Hochleistungssport steht WB ganz oben.

Sein Sport

Der erfolgreichste Verein der Welt kommt aus WB: Spandau 04 wird Jahr für Jahr Deutscher Meister im Wasserball. Der West-Berliner liest das in seiner Zeitung und jubelt innerlich, zu einem Spiel hingehen wird er allerdings nie. Mit Stolz erfüllt ihn auch, dass WB die einzige Stadt ist, aus der es vier Vereine in die erste Bundesliga geschafft haben: Hertha BSC, Tasmania 1900, Tennis Borussia und Blau-Weiß 90. München, angeblich die Hochburg des deutschen Fußballs, hat es dagegen nur auf zwei gebracht (Bayern und 1860), ebenso Hamburg (HSV und St. Pauli) und Köln (1. FC und Fortuna). Wenn der Deutsche Fußballbund (DFB) Berlin nicht immer so feindlich gesonnen gewesen wäre (man denke nur an den Zwangsabstieg von Hertha BSC im Jahre 1965), wenn die Schiedsrichter nicht ständig gegen die Berliner gepfiffen hätten und wenn dem Verein nicht teilungsbedingt die Zuschauer aus dem Umland und dem Osten Berlins fehlen würden, wäre die Hertha faktisch längst die Nummer eins in Europa. Für den West-Berliner ist sie es allerdings auch so. Wenn alles falsch ist, was Karl Marx gesagt hat, dann muss man ihn auf den Kopf stellen und das Gegenteil für richtig halten, also behaupten: Das Bewusstsein bestimmt das Sein.

Nebenbei: Der West-Berliner nimmt es dem DFB und den Bonnern furchtbar übel, dass sie nicht das Prinzip der DDR übernehmen und durch Anordnungen und ganz bestimmte Manipulationen dafür sorgen, dass immer ein Berliner Verein Deutscher Meister wird. Sie könnten Hertha BSC doch wirklich zum Dynamo Berlin des Westens machen.

Überhaupt lässt die Solidarität Westdeutschlands sehr zu wünschen übrig. Dadurch, dass man für die Spiele des Jahres 1972 neben dem Berliner Olympiastadion noch eines gebaut hat, nämlich das in München, hat man das an der Spree seiner nationalen Einmaligkeit beraubt und damit deutlich entwertet. Dennoch ist das erste Olympiastadion auf deutschem Boden eine der heiligen Kühe des West-Berliners – ebenso wie die Avus-Nordkurve und der Sportpalast. Diese beiden Bauwerke hat er deshalb auch abreißen lassen, denn das Nichtvorhandene wird allemal höher geschätzt als das Vorhandene, und erst die Erinnerung verleiht den Dingen ihre Aura.

Eine wunderbare neuere Sportart meint der West-Berliner auch erfunden zu haben: das Seifenkistenrennen. Vom Platz der Luftbrücke geht es alljährlich den Mehringdamm hinunter. Der jugendliche Sieger darf in den USA an den Start gehen. So etwas erträumt sich jeder West-Berliner.

Sechs weitere sportliche Großereignisse lassen ihn sehr bewegt sein: das ISTAF, das Internationale Stadionfest der Leichtathleten im Olympiastadion, das Sechstagerennen – anfangs im Sportpalast und den Messehallen am Funkturm, dann in der Deutschlandhalle ausgetragen –, die German Open der Damen auf der Anlage des LTTC Rot-Weiß an der Hundekehle, das C.H.I. der Springreiter in der Deutschlandhalle und – seit 1981 beziehungsweise 1985 – der Berlin-Marathon und die Pokalendspiele der deutschen FußballerInnen, um die Schreibweise zu übernehmen, die der West-Berliner allen Deutschen geschenkt hat.

Schlagzeilen machen auch die Ruderer mit ihren Rennen auf dem Hohenzollernkanal und die Basket- und die Volleyballer in der Sömmeringhalle. Ein Hit sind auch die Trabrennbahn Mariendorf, das Eisstadion Wilmersdorf, wo immer wieder einmal die Weltmeisterschaft im Eisspeedway ausgetragen wird, und die Eissporthalle in der Jafféstraße, in der sich der Berliner Schlittschuhclub, die Preußen und die Capitals mühen, Deutscher Eishockeymeister zu werden.

Für den West-Berliner ist die olympische Devise »Dabei sein ist alles« das Wichtigste, das heißt, er will in möglichst allen Bundesligen vertreten sein, um so aller Welt, aber insbesondere dem Osten, zu zeigen, dass man integraler Bestandteil der BRD ist. Dass seine Vereine – bis auf den Wasserball – selten oder nie Meister werden, kann der West-Berliner deshalb leicht verdrängen, denn a priori ist er ja immer der moralische Sieger. Und der zählt in der deutschen idealistischen Tradition nun einmal wesentlich mehr als der faktische.

Da der Sport im Wertsystem des West-Berliners einen so hohen Stellenwert hat, überrascht es nicht, dass viele Sportler wie Stars gefeiert werden.

Seine Stars und Köpfe

Kaum einen liebt der West-Berliner so wie seinen Bubi Scholz. 1930 geboren, kommt dieser eigentlich aus dem Ost-Berliner Prenzlauer Berg, boxt sich aber in West-Berliner Ringen nach oben und wird am 4. Oktober 1958 im Olympiastadion durch einen Sieg über Charles Humez Europameister im Mittelgewicht. Eine schwere Lungenentzündung wirft ihn zurück. Der West-Berliner hustet und leidet mit ihm – und feiert seine Wiederauferstehung, als er 1957 im Sportpalast Peter Müller schlägt und Deutscher Meister wird. Dass er nach Ende seiner Laufbahn Trinker wird und im Rausch seine Frau erschießt, verzeiht ihm der West-Berliner mit seiner in der Welt einzigartigen Toleranz. »Wir sind doch alles nur Menschen.«

In der Rubrik »Erfolgreiche Männer« zählt *Berlins*

Top Ten von 1987 an West-Berlinern auf: Curth Flatow, bekannt für seine Drehbücher und Stücke fürs Boulevardtheater, Elmar Pieroth, Weinkenner und Wirtschaftssenator, Horst Wendlandt, Produzent von Edgar-Wallace- und Karl-May-Schinken, Klaus-Rüdiger Landowsky, CDU-Politiker und Hassfigur vieler, Peter Stein, Theatermacher, Jürgen Wohlrabe, Filmverleiher, Jack White, Schlagerproduzent und Gelegenheitsfußballer bei Tennis Borussia, Ulrich Schamoni, Filmemacher (»Quartett im Bett«) und Medienmanager, und Lothar Loewe. Loewe ist der wegen einer Reportage (in der DDR werde »auf Menschen wie auf Hasen geschossen«) aus Ost-Berlin hinausgejagte ARD-Korrespondent und spätere SFB-Intendant, dessen Sprüche (»gequirlte Scheiße«) dem West-Berliner so gefallen, liebt der es doch ebenso drastisch und unverbogen. An erfolgreichen Frauen werden aufgelistet: Hanna-Renate Laurien, die energische Schulsenatorin von der CDU mit dem Spitznamen »Hanna Granata«, Friede Springer, Verlegerin, Regina Ziegler, Filmproduzentin, Heidi Hetzer, Autohändlerin und Rallyefahrerin, Marion Jauß, Trabrennfahrerin, Irene Mössinger, Gründerin des Tempodroms, Claudia Lorez, Verlegerin von weiblicher Selbsterfahrungsliteratur, und Sigrid Kreßmann-Zschach, Architektin und Mittelpunkt von Bauskandalen.

Über die erfolgreichen Macherinnen und Macher setzt *Berlins Top Ten* noch die Prominenten. »In Berlin möchte eigentlich jeder gern prominent sein. Ersatzweise möchte er wenigstens einen Prominenten kennen.« An West-Berlinern werden – neben Bubi Scholz – geadelt: Harald

Harald Juhnke, einer der beliebtesten Prominenten West-Berlins, 1989

Juhnke, Otto Schily, Dieter Hallervorden, Ingrid Steeger, Günter Pfitzmann und Heinz Drache.

In weiteren elf Kategorien werden dann noch eine Reihe von Männern und Frauen aufgezählt, die aus Sicht des West-Berliners für das Leben in der (Halb-)Stadt und ihren internationalen Marktwert ganz wesentlich sind. Sie geben dem Alltag des West-Berliners die richtige Würze, ihnen dankt er dafür, dass die Westdeutschen und die Völker der Welt WB wahrnehmen, wenn sie Zeitung lesen. Im Folgenden werden die Namen all derjenigen genannt, die – natürlich entsprechend der subjektiven Sicht des Autors – wirkliche Größen im Bewusstsein eines echten West-Berliners waren und sind.

Junggesellen. Wolfgang Rademann, TV-Produzent, Reinhold W. Timm, Kunstmaler, Rolf S. Eden, Disco-Gastronom, Götz George, »Schimanski«-Darsteller, Jim Rakete, Fotograf und Talent-Scout, Horst Lehmann, Kaufmann (»Ick koof bei Lehmann«), Klaus Bölling, Ex-Regierungssprecher, Ilja Richter, Entertainer, und Heinrich Lummer, Politiker.

Attraktive Frauen. Romy Haag, Kleinkunst-Star, Judy Winter, Schauspielerin, Carola Wedel, SFB-Moderatorin, Nena, Sängerin, Cornelia Schmalz-Jacobsen, Senatorin, und Chariklia Baxevanos, Schauspielerin.

Ost-Immigranten. Manfred Krug, Schauspieler, Thomas Brasch, Schriftsteller, Katharina Thalbach, Schauspielerin, Nina Hagen, Sängerin, Hilmar Thate, Schauspieler, Veronika Fischer, Sängerin, und Jurek Becker, Schriftsteller.

Schriftsteller. Peter Schneider (»Lenz«, »Mauerspringer«), Botho Strauss (»Paare, Passanten«, »Kalldewey, Farce«), Leonie Ossowski (»Weichselkirschen«, »Die große Flatter«) und Bodo Morshäuser (»Die Berliner Simulation«).

Filmemacher. Wim Wenders (»Paris, Texas«), Roland Klick (»Supermarkt«), Robert van Ackeren (»Die flambierte Frau«), Rosa von Praunheim (»Die Bettwurst«), Uwe Friesser (»Am Ende des Regenbogens«), Helma Sanders-Brahms (»Unter dem Pflaster ist der Strand«), Ottokar Runze (»Der Lord von Barmbeck«) und Wolf Gremm (»Kein Reihenhaus für Robin Hood«).

Schauspieler. Bernhard Minetti, Bruno Ganz, Otto Sander, Udo Samel, Walter Schmidinger, Horst Bollmann, Hardy Krüger, Peter Fitz, Horst Buchholz und Heribert Sasse.

Schauspielerinnen. Jutta Lampe, Edith Clever, Libgart Schwarz, Sabine Sinjen, Johanna von Koczian und Grit Böttcher.

Alt-Stars. Curt Bois, Martin Held, Hanne Sobek (Hertha BSC), Carl Raddatz, Jack O. Bennett (legendärer Luftbrücken- und PAN-AM-Pilot), Berta Drews, Erich Schellow, Boleslaw Barlog (22 Jahre Generalintendant der Staatlichen Bühnen), Lotti Huber und Wolfgang Stresemann (Chef der Philharmonie).

SängerInnen. Klaus Hoffmann, Ulla Meinecke, Reinhard Mey, Drafi Deutscher, Rio Reiser, Stefan Waggershausen, Roland Kaiser und Thomas Anders.

Macher, Multis und Mäzene. Peter Tamm, Verlagsmanager, Karl Heinz Pepper, Bauherr (Europacenter), Peter Schwenkow, Kulturveranstalter, Karl H. Bröhan, Museumsstifter, Kurt Pfennig, Feinkosthändler, und Klaus Krone, Zulieferer der Post.

Originale. Wolfgang Neuss, Kabarettist, Ben Wargin, Öko-Aktivist (»Baumpate e.V.«), Edith Hancke, Volksschauspielerin, Konrad »Jule« Hammer, Jux-Promotor, Matthias Koeppel, Maler und Dichter, Brigitte Mira, Harry Ristock, SPD, Evelyn Künneke, Karl Dall und Wolfgang Gruner.

Eine weitere Kategorie wollen wir selber hinzufügen, indem wir alle Landesregierungen durchgehen und sehen, wer – außer Willy Brandt und Ernst Reuter, Hanna Renate Laurien und Cornelia Schmalz-Jacobsen sowie dem von vielen als unsäglich empfundenen Heinrich Lummer (CDU) – noch als »integraler Bestandteil« des Insellebens gelten könnte.

PolitikerInnen. Louise Schroeder (SPD), erste Bürgermeisterin im Magistrat von Ernst Reuter, Marie-Elisabeth Lüders (LDP/FDP), Joachim Tiburtius (CDU), Volksbildungssenator, Otto Suhr (SPD), Regierender Bürgermeister und Namensgeber des renommierten politwissenschaftlichen Instituts an der FU, Rolf Schwedler (SPD), langjähriger Bausenator und für viele Sünden und Abrisse verantwortlich gemacht, Horst Korber (SPD), Schulsenator und Verhandlungsführer in der Passierscheinfrage, Werner Stein (SPD), Senator für Wissenschaft und Kunst und Autor des unverzichtbaren Nachschlagewerkes *Kulturfahrplan*, Klaus Schütz (SPD), Richard von Weizsäcker (CDU), Walter Momper (SPD) und Eberhard Diepgen (CDU), alle Regierende Bürgermeister. Auch Karl Schiller, Peter Glotz, Norbert Blüm, Günter Gaus und Rupert Scholz waren einmal Senatoren in WB. Die meiste Heiterkeit wegen seines Namens hat Paul Füllsack ausgelöst, 1949 SPD-Senator für Ernährung.

Wen hat *Berlins Top Ten* noch vergessen? Vor allem eine Frau, auf die der West-Berliner ganz besonders stolz ist: Hildegard Knef (»unser Hildchen«). Ihre Filme und Lieder, vor allem »Ich hab' noch einen Koffer in Berlin« und »Ich hab' so Heimweh nach dem Kurfürstendamm«, lassen sie zu seiner absoluten Göttin werden. Der West-Berliner verehrt sie nicht nur, er liebt sie. Aber auch mit Marlene Dietrich schmückt er sich gern, ist sie doch auf dem Territorium seiner (Halb-)Stadt auf die Welt gekommen und hat hier ihre letzte Ruhestätte finden wollen. Nicht zu vergessen sind auch Günther Grass, der lange in Friedenau zu Hause war, »Atze« Brauner, der Filmproduzent (CCC), Kurt Mühlenhaupt, der Maler(poet), Bildhauer und Kneipier, Juppy von der Ufa-Fabrik, der jüdische Oberkantor Estrongo Nachama und Hans Rosenthal, der große Entertainer (»Dalli Dalli«) und RIAS-Heroe, (West-)Berlins kongeniale Antwort auf Peter Frankenfeld, Hamburg, und Hans Joachim Kulenkampff, Bremen. Selbst Knautschke, das Flusspferd im Zoo, zählt für den West-Berliner zu den prominenten Köpfen, die sein Leben ausmachen.

Das sind viele Namen, gewiss, und aus dem Mediensektor kommen noch einige dazu, aber der echte West-Berliner hat sie alle präsent. Sie sind nicht Schall und

Rauch, sondern machen zu erheblichen Teilen das aus, was seine (Halb-)Stadt ist. Zumindest im Bewusstsein des West-Berliners. Es muss schon was Besonderes sein mit diesem WB, wenn sich so viel Prominenz hier angesiedelt hat und fruchtbar ist. Aber stille Einfalt, edle Größe, die alten griechischen Ideale bringen nicht viel, heute gilt vor allem, wer und was in den Medien ist – so ist die Medienlandschaft des West-Berliners keinesfalls zu vergessen.

Seine Medien

Beginnen wir mit den zehn JournalistInnen, die in *Berlins Top Ten* aufgezählt werden: Friedrich Luft, RIAS, *Die Welt* und *Berliner Morgenpost*, Wolf Jobst Siedler, freier Journalist und Verleger, Annemarie Weber, freie Journalistin und Romanautorin, Günter Matthes, *Tagesspiegel*, Karena Niehoff, *Süddeutsche Zeitung*, Wolfgang Menge, Talkshow »Leute«, Lea Rosh, freie Journalistin, Peter Schiwy, NDR, und Gert Ellinghaus, SFB.

Von allen liebt und schätzt der West-Berliner Friedrich Luft ganz sicher am meisten. Ab dem 5. Februar 1946 ist seine »Stimme der Kritik«, die im RIAS von 11 Uhr 45 bis 12 Uhr, bis zum Klang der Freiheitsglocke, zu hören ist, ein fester Platz in seiner Sonntagsplanung. Diese Viertelstunde ist für ihn Ersatz für den Gottesdienst, den er nicht mehr besucht. Friedrich Luft zu hören erspart ihm auch die Kosten und Mühen des eigenen Theater- und Kinobesuchs. Kompetent kann er überall mitreden. Und wenn sich Friedrich Luft verabschiedet mit »Bis zum nächsten Sonntag, gleiche Stelle, gleiche Welle, herzlichst auf Wiederhören«, dann liefert er für alle, die sich regelmäßig treffen, eine rituelle Wendung: gleiche Stelle, gleiche Welle.

Der West-Berliner als solcher ist ohne ganz bestimmte Kultsendungen im RIAS und im SFB nicht denkbar. Jeden Abend um 19 Uhr 30 sitzt er, zumindest im Alter über dreißig, vor dem Fernseher, um sich – man kann es nur mit einer abgegriffenen Wendung der autonomen Szene sagen – seine SFB-»Abendschau« reinzuziehen. Deren Protagonisten – wie etwa Harald Karas, Wolfgang Hahnel, Evelyn Lazar und Hans-Werner Kock – sind für ihn Familienmitglieder, sie unterhalten ihn mit ihren launigen Plaudereien und liefern ihm das Insiderwissen, das er braucht, um sich in seiner (Halb-)Stadt auszukennen und mitreden zu können. Und ist die Hausfrau vormittags beim Kartoffelschälen, dann schaltet sie um 11 Uhr den SFB ein und hört im Radio »Rund um die Berolina«.

Neben der »Stimme der Kritik« kann der RIAS noch andere Kultsendungen bieten. Für Kinder zum Beispiel den »Onkel Tobias«, für die Freunde leichter Musik jeden Montagabend »Die Schlager der Woche«, für Nostalgiker, die am alten Berlin hängen, »Kutte kennt sich aus« mit Kurt Pomplun und für Krimisüchtige jeden Freitagabend »Es geschah in Berlin«. Das RIAS-Tanzorchester unter Werner Müller beziehungsweise die Big Band, dirigiert von Horst Jankowski, sind ungeheuer populär, und Namen wie Jürgen Graf (»Mr. Rias«), Jan Hendrik, Rik DeLisle und Lord Knud (Knud Kunze) kennt die ganze Stadt.

Was das Fernsehen und seine Serien betrifft, da zeigen laut *Berliner Zeitung* vom Februar 2005 die »Drei Damen vom Grill« ein »betuliches West-Berlin, bei dem eine Fahrt nach Kreuzberg für Otto Krüger gleichwohl wie eine Auslandsreise erschien und der Verzehr eines Döners wie eine lebensgefährliche Mutprobe«. Brigitte Grothum, die auch den *Jedermann* in eine Kirche am Südstern bringt, Brigitte Mira und Gabriele Schramm geben die drei besagten Wursthändlerinnen, und mit von der Partie sind unter anderem auch Wolfgang Spier, der »König des Berliner Boulevards«, Peter Schiff, Harald Juhnke und Günther Pfitzmann, der Dr. Brockmann aus der »Praxis Bülowbogen«. Beide Serien prägen das West-Berlin-Bild in BRD und DDR entscheidend mit, und dieses WB ist »weniger Vorzeige-Metropole und Frontstadt, vielmehr heimeliger Kiez kleiner Leute mit alltäglichen Sorgen und tristen Hinterhöfen«. (Dargestellt auch – Eigenwerbung muss sein – in der Geschichte der Familie Matuschewski in *Brennholz für Kartoffelschalen* und den nachfolgenden Bänden.)

Nichts ärgert den West-Berliner mehr, als wenn ihm jemand, womöglich noch ein Zugereister, erzählt, er lese keine vor Ort gedruckte Tageszeitung, sondern eine, die seinem hohen Bildungsstandard und seinen elitären Vorstellungen angemessen sei: die *Süddeutsche* oder die *FAZ*. Der West-Berliner schwört auf die *BZ*, die *Berliner Morgenpost*, den *Tagesspiegel*, wenn er sich dem bürgerlichen Lager zurechnet, und den *Telegraf*, wenn er der SPD nahe steht. Letzterer geht allerdings in den 70er Jahren kurz und schmerzlos ein, wie auch *Der Tag*, die *nachtdepesche* und

Der Kurier vom Markt verschwinden. Einzelne Bezirke haben ihre eigene Zeitung, wie etwa das *Spandauer Volksblatt* und den *Nordberliner*. Wer es leicht und locker liebt und sich am Wiener Caféhaus orientiert, kauft sich am Mittag den *Abend* und setzt sich mit ihm auf eine Bank oder in ein Restaurant.

Das linke Völkchen hält sich an die *taz* und die Stadtmagazine *tip* und *zitty*. Damit sind wir bei dem, das West-Berlin als Surplus recht eigentlich erst zu dem macht, was es ist, bei der alternativen Szene.

West-Berlin als Keimzelle alternativen Lebens

Auch der konservative West-Berliner realisiert, dass die alternative Szene, sosehr er sie innerlich auch ablehnt, aus mehreren Gründen gut für seine (Halb-)Stadt ist. Mit ihr kann man dem Osten beweisen, wie liberal und tolerant man ist. Ganz so wie es die Bibel verheißt: »In meines Herrn Hause sind viele Wohnungen.« Da ist zwar nicht von besetzten Wohnungen die Rede, aber dennoch ... Schwerwiegend ist auch, dass die meisten Autonomen und Alternativen aus Westdeutschland kommen, also dem Aussterben des West-Berliners entgegenwirken. Außerdem bleibt WB dank der linken Aktionen ständig in den Schlagzeilen, und das ist gut so. Schließlich kann die alternative Szene drastisch und witzig sein, und dafür ist der West-Berliner immer zu haben. Zum Beispiel (aus *Radikalauer* von Winfried Thomsen):

Das Urteil lautete auf lebenslangen Leichtlohn wegen Mitgliedschaft in einem weiblichen Geschlecht.

Der Papst hat also auch Langspielplatten besungen: Karel Wojtyla ist eben der Stellvertreter von Karel Gott.

Der Vatikan nicht mehr.

Deutsche kauft nicht bei Jusos.

Die Ergüsse von Spitzenpolitikern nennt man Top-Sekret.

Die meisten Menschen sind absolut villenlos.

Die Reichen wohnen meist beengt, besonders die Kinderreichen.

Die SPD ist wie ein Eunuch: Sie weiß zwar noch ungefähr wie, kann aber nicht.

Mit seinem Urteil entsprach das Gericht dem Antrag der BILD-Zeitung.

Zölibat ist Massenmord.

Wohin mit dem Atommüll? Denk an dein Päckchen nach drüben.

Nicht zu vergessen ist auch, dass die Alternativen und Autonomen in Scharen als Touristen nach WB kommen; und dass es beim Fremdenverkehr Jahr für Jahr kräftige Zuwachsraten gibt, ist ja ein echtes Anliegen des West-Berliners. Rowohlt und die *zitty* haben für diese Zielgruppe mit *anders reisen: Berlin* sogar einen eigenen Reiseführer geschrieben, und da steht gleich im Vorwort etwas, das dem West-Berliner wie Öl runtergeht: »West-Berlin ist die lebendigste aller deutschsprachigen Städte (...)«, es sei »das Mekka für Alternative«. Als Wohnort wie als Reiseziel. Das ist WB: »Eine traditionsreiche Metropole, die das Unkonventionelle sucht, da das traditionelle Prinzip von Angebot und Nachfrage die Stadt wirtschaftlich nicht trägt. So wird hier der kapitalistische Mist zum Dünger einer Bewegung, die (...) nicht nur eine Alternative zu Entfremdung und Umweltzerstörung verspricht, sondern in Ansätzen auch vorlebt. – In Berlin kannst du dich, wenn du willst, ausschließlich in der von Kultursenator Glotz als ›zweite Kultur‹ bezeichneten Scene aufhalten: Du lebst in einer Wohngemeinschaft, liest deine Scenezeitung, besuchst eine selbstverwaltete Schule, jobbst im Taxikollektiv, gehst abends in eine der vielen Genossenkneipen, danach vielleicht noch ein Nachtbesuch in deinem Stadtteilkino, ein gutes Gefühl hast du auch, schließlich trägst du nur Klamotten von Handware- oder Secondware-Läden, labst dich nur mit Essen und Trinken aus Naturkostläden, die mittlerweile in fast allen Bezirken von Freaks unterhalten werden. Durchkreuzen deinen antikapitalistischen Alltag Transport-, Reparatur- oder menschliche Probleme, so schätze dich glücklich, in Berlin zu leben: Der wild wuchernde Kleinanzeigenmarkt wimmelt nur so von Initiativen, die in allen Bereichen ihre Dienste anbieten.«

Kreuzberg ist das Synonym für die alternative Szene, und ihre »politische Speerspitze«, die Alternative Liste (AL), kommt 1979 bei den Abgeordnetenhauswahlen schon auf 3,7 Prozent der Stimmen. Alles hat mit dem Aus- und Aufbruch der Studenten angefangen. 1961 wird der Sozialistische Deutsche Studentenbund (SDS) von der SPD verstoßen und entwickelt sich zur fundamentalen Opposition gegen das Establishment und das erzkonservative Adenauer-Regime. Die außerparlamentarische Opposition, die APO, formiert sich.

1966 wird das entscheidende Jahr: Es kommt zu Protestmärschen der Studenten gegen die Vietnam-Politik der USA – mit Rudi Dutschke an der Spitze; und die Kommune I mit Fritz Teufel, Rainer Langhans und Dieter Kunzelmann propagiert ihre Werte und Ziele: freie Liebe, absolute Gleichberechtigung von Mann und Frau, antiautoritäre Kindererziehung und Abkehr von allen kleinbürgerlichen Normen. Am 2. Juni 1967 wird dann am Rande einer Demonstration gegen den Schah des Iran der 26-jährige Student Benno Ohnesorg von einem Polizeibeamten erschossen. Am 11. April 1968 gibt es am Kurfürstendamm ein Attentat auf Rudi Dutschke. Der Zorn der Studenten und der APO richtet sich gegen den Springer-Verlag, dem man die Verhetzung der Massen vorwirft (»Enteignet Springer!«). Das schweißt zusammen, die Bewegung formiert sich und formuliert ihre Ziele: mehr Demokratie in der Hochschule (Abschaffung der Ordinarienuniversität) und der Gesellschaft (Verhinderung der Notstandsgesetze) und solidarische Unterstützung der um ihre Freiheit kämpfenden Völker der Dritten Welt (Vietnam, Iran). Man begreift, dass die Umgestaltung der Gesellschaft nicht ohne die werktätigen Massen möglich ist, und entdeckt »das Proletariat« für sich. Den 1. Mai 1969 begeht man gemeinsam.

Als klar wird, dass das kapitalistische System nicht zu zerstören ist, zerfällt die Studentenbewegung und bringt dabei Formen hervor, die Deutschland nachhaltig verändern: die Wohngemeinschaften, die Kinderladenbewegung, selbstverwaltete Jugendzentren, die autonome Frauenbewegung, die Hausbesetzungen (das »Instandbesetzen«) als Folge der vom Senat anfangs insbesondere in Kreuzberg und im Wedding betriebenen Kahlschlagsanierung, die *taz* – und nicht zuletzt die Grünen als Partei. Und immer ist West-Berlin vorneweg. Es kommen hinzu: die Drogenszene, Straßen- und Stadtteilfeste und Festivals – wie etwa das »Umweltfestival« –, eine Flut von Projekten – wie der Mehringhof, die Ufa-Fabrik und das Netzwerk Selbsthilfe –, Off-Theater – wie Grips, Rote Grütze und Zan Pollo –, das Tempodrom, Off-Kinos – wie das Arsenal, das Bali, das Tali, das Yorck, das Studio und das Kant. Besonders grandios ist die Musikszene. Rock, Punk, Pop und Jazz. »Die Ärzte« geben ihr erstes Konzert in einem besetzten Haus, Ina Deter singt »Neue Männer braucht das Land«, Marianne Rosenberg mutiert vom ZDF-Hitparaden-Girl zur Ikone der Schwulenbewegung und Gegnerin von Atomkraftwerken. Am höchsten in der Gunst der Bewegung steht aber wohl Rio Reiser (»König von Deutschland«), der Kopf der Gruppe »Ton Steine Scherben«. Überhaupt, die Bands wetteifern um die witzigsten Namen, eine nennt sich »Einstürzende Neubauten« und verteilt vor Konzertbeginn Ohrenstöpsel, eine andere firmiert unter »Fehlfarben«. Auch Jazz ist wichtig. Jazz-Clubs wie die Eierschale, erst am Breitenbachplatz, dann in Dahlem, das Flöz in der Nassauischen Straße und das Quasimodo im Keller des Delphi-Kinos in der Kantstraße stehen ganz obenan. Das Jazzfest Berlin und Jazz in the Garden werden Kult.

Schwulsein ist kein Makel mehr. 1977 gründet sich das SchwuZ als Treffpunkt schwuler Männer. Schwule SPD-Genossen tun sich in der Arbeitsgemeinschaft Schwusos zusammen. Ein Schwulenmuseum wird eröffnet. Mit der *Schwuchtel* hat man eine eigene Zeitschrift, mit Prinz Eisenherz eine eigene Buchhandlung und mit Rosa Winkel einen eigenen Buchverlag. Der Filmemacher Rosa von Praunheim (»Nicht der Homosexuelle ist pervers, sondern die Umstände, unter denen er lebt«) wird zur Kultfigur. Mit dem Christopher Street Day hat man seit 1979 eine Demo und ein Straßenfest zugleich.

Normal zu sein wird in WB zum Makel, und der Stinknormale fühlt sich echt depriviert, also um das gebracht, was den Reichtum des Lebens recht eigentlich ausmacht, und ist er Kulturschaffender, dann sinken seine Chancen, wahrgenommen zu werden und Erfolg zu haben, ganz beträchtlich. Die Szene bekommt ihre Netzwerke, und es gibt Analogien zur Keulenriege der rechten und dem Harry-Ristock-Kreis der linken SPD sowie der Betonriege der CDU um Eberhard Diepgen und Klaus Landowsky.

Von den unzähligen Restaurants und Kneipen in West-Berlin werden viele ganz schnell allgemein »in« – wie das Max und Moritz in Kreuzberg, das Los Indios in der Xantener Straße, die Galerie Murmel in der Konstanzer Straße, die Luise in Dahlem, das Café Einstein in der Kurfürstenstraße, das Cour Carree am Savignyplatz, das Wirtshaus Wuppke im Dreh Schlüter-/Kantstraße, das Terzo Mondo in der Grolmannstraße – und und und. Das Lebensgefühl vor allem jüngerer West-Berliner wird in nicht geringem Maße von diesen Namen und Stätten bestimmt: Hier verabredet man sich, hier sitzt man zusammen und »tauscht sich aus«, wie die Szene es etwas unpräzise beschreibt.

Laut *Berlins Top Ten* stehen für die Szene, definiert als jeweils ein bisschen revolutionär, anarchistisch, alternativ und ökologisch, unter anderem: die Ufa-Fabrik in Tempelhof mit Ökobäckerei, Café und Zirkus, der Mehringhof in Kreuzberg mit Café, Fahrradladen, Theater, Buchshop, dem »Stattbuchverlag«, dem Netzwerk und der Alternativen Liste Kreuzberg, das Künstlerhaus Bethanien am Mariannenplatz mit Werkstätten und Ausstellungsräumen, die Bleibtreupassage mit Kneipen, Restaurants und Pinten und das Ballhaus Naunynstraße mit Café und Spielstätten für freie Gruppen.

Als Gegenentwurf zur als seelenlos verschrienen Klinikgeburt wird das erste »Geburtshaus für eine selbstbestimmte Geburt e.V.« am Klausener Platz in Charlottenburg gegründet. In einem der Vorbereitungskurse hat der Autor an der Seite seiner Lebensgefährtin in heißem Bemühen das Hecheln bei Presswehen geübt, soll doch der Mann nicht nur bei der Zeugung, sondern auch bei der Geburt und ihrer Vorbereitung dabei sein. Ist das Kind dann da, zieht man mit Synanon oder Klaus E. Zapf (»im Besitze der Belegschaft«) in eine größere WG – bloß keine bürgerliche Kleinfamilie mit ihren autoritären Strukturen. Die wird als die Wurzel allen Übels und mit Wilhelm Reich als Ursprung des Faschismus angesehen.

Natürlich liest frau/man die *taz*, die Tageszeitung, gedacht für die undogmatische, Partei-unabhängige Linke (»Objektivität – Nein danke!«). Adressen und angesagte Filme, Bands, Bücher und Veranstaltungen findet man im *StattBuch* und in den Stadtmagazinen *tip* und *zitty*. Gelesen wird mit Vorliebe das *Kursbuch*, und bei den Verlagen haben Wagenbach, Rotbuch und Elefanten Press das größte Renommee. In speziellen Frauenbuchhandlungen, die für Männer verboten sind, kann frau ihren Lesestoff auswählen, ohne als Lustobjekt dienen zu müssen.

Wächst die/der kleine Alternative heran, kommt sie/er in einen Kinder- und später einen Schülerladen. Der bekannteste heißt »Rote Freiheit«. Die liebe Mähziege lernt sie/er auf dem Kinderbauernhof Adalbertstraße, Ecke Bethaniendamm kennen. Wer schon etwas größer ist, der versucht sich als Instandbesetzer, das heißt, er/sie eignet sich an und renoviert, was profitorientierte Hausbesitzer und Maklerhaie leerstehen und verkommen lassen. Zu Konzerten zieht man ins Georg-von-Rauch-Haus im ehemaligen Bethanien-Krankenhaus am Mariannenplatz. Allen Underdogs, Losern, Aussteigern, Stadtstreichern (»Pennern«) und Outlaws wird mit Empathie begegnet, man fördert die »Rollheimer« mit ihren Wagenburgen, und für die rechtliche und soziale Gleichstellung der Huren wird die Organisation Hydra gegründet. Ist der Partner oder Ehemann ein Arsch und schlägt er zu, dann kann frau sich seit 1976 in ein Frauenhaus flüchten und in speziellen Frauencafés unter sich bleiben.

Was seine (Halb-)Stadt in den Augen des West-Berliners weiterhin so unverwechselbar macht, ist das, was unter dem Ausdruck multikulti zusammengefasst wird. Gemeint ist damit die Mischung von autochthonen Deutschen und Angehörigen vieler anderen Ethnien, insbesondere aber Türken. Die Gegend um die Oranienstraße wird dann auch Klein-Istanbul genannt. Auch wenn der West-Berliner manchmal etwas sehr deutsch denkt, so treten seine Einwände gegen das Multikulturelle doch hinter übergeordneten Interessen zurück, kann man doch insbesondere in Richtung Osten rufen: »Det habt ihr nich!« Dem Ost-Berliner unterstellt man Ausländerfeindlichkeit und fühlt sich als der bessere Mensch.

Die Glaubenssätze des West-Berliners

Ehe wir im zweiten Teil dieses kleinen Buches zum jammernden West-Berliner, zum Jammer-Wesbi, kommen, fassen wir noch einmal zusammen, was ihn nun – vor allem, aber durchaus nicht nur aus seiner Sicht – tatsächlich zum Helden, zu einem einmaligen Exemplar der Gattung Homo sapiens macht. (Dabei gilt vieles natürlich auch für den Ost-Berliner und die Auseinandersetzung mit seiner Wirklichkeit, doch dessen Geschichte soll ja an dieser Stelle nicht geschrieben werden.)

Der West-Berliner also ...

... ist immer wieder wie Phönix aus der Asche aufgestiegen.

... ist der größte und erfolgreichste Kämpfer für Freiheit, Demokratie und Wohlstand »all over the world«.

... hat während der Blockade und in den Zeiten der Mauer unmenschlich gelitten und ein historisch einmaliges Durchhaltevermögen an den Tag gelegt – ist nicht totzukriegen.

... hat mit Ernst Reuter und Willy Brandt zwei charismatische Stadtoberhäupter gehabt, die ihresgleichen suchen.

... ist von keinem Geringeren als John F. Kennedy zum großen Vorbild der westlichen Welt erklärt worden.

... hat West-Berlin zur attraktivsten Stadt der Welt gemacht.

... hat dafür gesorgt, dass alternatives Leben keimen, sich entfalten und über den ganzen Erdball ausbreiten konnte.

... hat seine ganz spezielle, liebenswerte Art: »Is doch klar!« Er weiß nicht nur alles, er weiß auch alles besser. / »Uns kann keener!« Er ist zutiefst überzeugt von seiner Stadt und sich selbst. / »Na und?« Skeptisch und wachsam ist er gegenüber allem, was wohltönend daherkommt. / »Kenn ick!« Fremdes kann ihn nicht überraschen. / »Allet halb so wild!« Schlägt man ihn, so trägt er sein blaues Auge wie einen Orden.

Mit einem Wort: Der West-Berliner ist von einmaliger Größe, und seine Insel der Glücklichen ist eine wunderbare Galaxy, insbesondere für die Feinde des DDR-Systems.

Erstaunlich, aber wahr: Es gibt auch Menschen, die das anders sehen. So bekennt Henryk M. Broder, der geistvollste und scharfzüngigste Analytiker des Seienden im bislang bekannten Weltall, West-Berlin nie gemocht zu haben: »West-Berlin war hysterisch, klein, zugeschissen, voll mit Hundekacke – eine Stadt, wo man ständig mit der Nase irgendwo gegen rannte, weil es wirklich 'ne ganz begrenzte kleine Enklave war. Mit hysterischen Leuten und mit so einer demonstrativen Überlebenssymbolik. Es war alles ziemlich anstrengend und unangenehm.« (In: Leitner 2002).

Doch da lassen wir uns nicht beirren: West-Berlin ist einmalig, und seine Menschen sind Helden. – Allerdings eben nur, bis die Wende kommt und den West-Berliner die Wiedervereinigung ereilt. Da kann er nur noch singen: »Von nun an ging's bergab ...« Nicht nur das: Der West-Berliner stirbt auch langsam aus. Und das macht seine tiefe Tragik aus: dass er vergehen muss, wenn das Ziel erreicht ist.

Da kann man schon zum Jammer-Wesbi werden, hat der eingefleischte West-Berliner doch all das verloren, was ihn nach eigenem Dafürhalten ausgemacht hat.

Der West-Berliner als der große Verlierer

Der Verlust an Einmaligkeit und Heldenstatus

Nichts bringt das derzeitige Elend des alten West-Berliners besser auf den Punkt als das Geschrei der gegnerischen Fans bei Hertha-Auswärtsspielen: »Scheißverlierer!« Der Gebildete drückt es anders aus: »Sic gloria transit mundi.« So vergeht der Ruhm, vergeht der Glanz der Welt. Diese Formel wird gebraucht, um hinzuweisen auf die Vergänglichkeit aller Güter und Ehren dieser Welt, seien sie noch so groß und prächtig, und sie gilt umso mehr, je schnelllebiger die Zeit geworden ist. Die Medien brauchen ständig neue Helden, sie leben davon, sie aufzubauen, sich an ihren Erfolgen zu berauschen und sie dann, weil das so wunderbar tragisch ist, wieder fallenzulassen. Nur wenige werden später, wenn sie ein gehöriges Lebensalter erreicht haben oder an einer spektakulären Krankheit leiden, wieder ausgegraben und im Prozess des »revival« neu vermarktet. Aber wen kümmert noch der Olympiasieger von 1972 in der Disziplin »Kleinkaliberschießen liegend mit verbundenen Augen«? Damals hat ihn ein ganzes Volk bejubelt, weil er die erste Goldmedaille für Deutschland gewonnen hat.

Ein vergessener Held zu sein ist eines der traurigsten

Schicksale. Der vergessene Held hat, so abgegriffen diese Wendung auch sein mag, seine Zukunft schon hinter sich. Das Leben hat ihm bereits alles gegeben, was es ihm zu geben hatte, und nun treibt er dahin wie eine ausgebrannte und zu einem Schwarzen Zwerg geschrumpfte Sonne. Es gibt keine Hoffnung mehr für ihn. Alles dreht sich im Leeren. Die Erinnerung an die glanzvollen Tage – damals war's – erfreut ihn nicht, gibt ihm keine Kraft, sondern zieht ihn nur immer weiter nach unten, denn zu schmerzlich ist der Verlust des Einst. Ein Trauma eben. Alles ist unwiederbringlich dahin. Der vergessene Held ist wie ein Toter, der unter uns wandelt.

Dem West-Berliner des Jahres 2006 ergeht es wie dem Mann, der zum Arzt kommt und, nach seinem Leiden befragt, zu klagen beginnt: »Wo ich auch bin, mich nimmt keiner wahr, Herr Doktor.« Darauf der Mediziner: »Der Nächste bitte.« Vorbei sind die Zeiten, als alle ausgerufen haben: »Ah, Sie kommen aus West-Berlin, erzählen Sie doch mal!«

»Das Leben ist wie die Bundesliga …« Das hätten Philosophen wie Nietzsche, Hegel oder Kant gesagt, wenn denn die Bundesliga zu ihrer Zeit schon existiert hätte, und ihre Erkenntnis in einem Satz münden lassen: »Es gibt immer Auf- und Absteiger.«

Apropos Nietzsche. Wie gern stimmt der West-Berliner mit ein in sein *Lied eines theokritischen Ziegenhirten*:

Der Mond ging schon ins Meer,
Müd sind alle Sterne,

Grau kommt der Tag daher, –
Ich stürbe gerne.

Ach, hätte der West-Berliner doch schon früh Nietzsches Zweizeiler *Gegen die Hoffahrt* gelesen:

Blas dich nicht auf: sonst bringt dich
Zum Platzen schon ein kleiner Stich.

Nun hat den West-Berliner zwar kein kleiner Stich zum Platzen gebracht, sondern ein großes Erdbeben der Weltgeschichte, das Ende des imperialen Kommunismus, aber dennoch …

Zurück zum Abstieg. Alle fürchten ihn, denn oben ist der Himmel und unten ist die Hölle, und der West-Berliner ist, zumindest in seinem Bewusstsein, aus der Weltliga abgestiegen in eine der vielen Kreisklassen. Stellen wir uns eine Meistermannschaft vor, die einst Real Madrid und Inter Mailand geschlagen hat und nun gegen Knallrot Wilmersdorf spielen darf.

Mit Schrecken denkt der West-Berliner an all die Städte, Staaten und Völker, die abgestiegen sind oder gar gänzlich untergegangen. Chichen Itza, Troja, Vineta, Haithabu – ausradiert und auf keiner Karte mehr zu finden. Das Römische Reich, das Kalifat der Fatimiden, das Königreich Jerusalem, Preußen – allesamt hinweggefegt. Philister, Etrusker, Phönizier, Hethiter, Mayas, Inkas – wo sind sie geblieben?

Bei West-Berlin liegt der Vergleich mit Preußen nahe,

zumal die älteren West-Berliner noch in preußischen Städten und Provinzen zur Welt gekommen sind, so die Mutter des Verfassers, die 1912 in Rixdorf bei Berlin geboren wurde. Seit Ende des Zweiten Weltkrieges gibt es kein Preußen mehr, seit Ende der deutschen Spaltung kein West-Berlin. Schluss, aus. Der Tod ereilt nicht nur Lebewesen, er ereilt auch Städte und Staaten. Nur im Ausnahmefall werden sie wieder erweckt, ein Beispiel ist Israel. Im Falle Preußens, das als Sündenbock für alle vom Jahre 1701 an begangenen deutschen Verbrechen unentbehrlich ist, versuchen das zwar einige wenige, indem sie den vereinigten Bundesländern Berlin und Brandenburg den Namen Preußen (zurück)geben wollen, aber auf die Idee, die zwölf Bezirke des amerikanischen, britischen und französischen Sektors zur verwaltungstechnischen Großeinheit West-Berlin zusammenzufassen, ist noch niemand gekommen, obwohl unseren vom Effizienzwahn befallenen Betriebswirten und die Kommune kaputtsparenden Finanzsenatoren alles zuzutrauen ist. Aus der FDP kam einmal der Gedanke, die zwangsvereinigten Bezirke Charlottenburg und Wilmersdorf unter dem Wappen City West starten zu lassen, doch das hat sich nicht realisieren lassen. Es wäre immerhin ein Anfang gewesen und hätte die legendären Wilmersdorfer Witwen sicherlich gefreut.

Es gibt kein West-Berlin mehr. Es gibt kein West-Berlin mehr. Es gibt kein West-Berlin mehr.

Immer wieder muss sich der West-Berliner das klarmachen. Richtig einhämmern. Er kann das berühmte Rad der Geschichte nicht mehr zurückdrehen, sosehr er es auch immer wieder versucht. Indem er zum Beispiel mit der Banken- und der Tempodrom-Affäre an frühere Skandale anzuknüpfen sucht, indem er sich kurzfristig Gemälde von den New Yorkern ausleiht und mit seiner MoMA-Ausstellung protzt wie früher, indem er in Marzahn Plattenbauten niederreißen lässt. Alles vergeblich, er wird aufgehen im neuen Groß-Berliner und im Berlin-Brandenburger, und schließlich wird er als ausgestorben gelten.

»Dann hat die liebe Seele Ruh.« So ein alter Berliner Spruch. Vorerst aber muss der West-Berliner damit leben, dass er kein besonderer Deutscher, Europäer und Weltbürger mehr ist, kein Held, sondern ein ganz normaler Mensch. Die Welt findet ihn so uninteressant, dass sie ihm mit überwältigender Mehrheit die Olympischen Spiele des Jahres 2000 nicht gegönnt und Sydney vorgezogen hat, das geschichtslose Nest Down Under. Berlin geht es so, wie ein alter Schlager es unnachahmlich morbide auf den Punkt bringt: »Kein Schwein ruft mich an, keine Sau interessiert sich für mich …« Erst hat es die Welt verhätschelt, jetzt ist es ihr egal.

Das ist der tiefe Grund des West-Berliners Elend: West-Berlin war über Jahre hinweg der Nabel der Welt, entscheidend für das Überleben des Homo sapiens, Sein oder Nichtsein, weil hier der alles und alle vernichtende Atomkrieg ausgelöst werden konnte, entscheidend auch für den Sieg der Systeme, Ost oder West. Das Berlin von heute aber ist nur eine Stadt von vielen, weit entfernt von Metropolen wie New York, Tokio, Peking, Rio de Janeiro,

Paris, London oder Rom und in der Rangliste der Millionenstädte nur knapp vor dem Platz 50 zu finden.

Der West-Berliner hat seine Identität verloren und ist nur noch rein körperlich vorhanden, reduziert auf die notwendigsten Funktionen, ein Schatten seiner selbst, nur noch ein Held von der traurigen Gestalt. Mit leeren Augen sieht er seine Gäste an, wenn sie ihn fragen, was sie sich in Berlin als erstes ansehen sollen. Früher hat er sie voll innerer Leidenschaft an die Mauer geführt. Doch heute? »Nothing compares to you.« Immer hat er Sinhead O'Connor im Kopf, wenn er an seine eingeschlossene Insel denkt, an Blockade und Mauer. Die hatte nur er. Was er seinen Gästen heute zeigen kann, das haben andere Städte auch – und meistens viel besser. Mauer und Grenzbefestigungen waren wie ein Gefäß für ihn, und ohne dieses Gefäß zerfließt er und verliert sich wie das Wasser, wenn die Karaffe zerspringt, in der es sich befunden hat.

Und es ist dem West-Berliner die Kraft verlorengegangen, die ihm aus dem Konflikt mit der DDR und den Sowjets erwachsen war. Theorien sozialer Konflikte betonen durchweg, dass Auseinandersetzungen mit einem äußeren Feind ein System nach innen festigen, dass sie ihm die Ableitung der Aggressionen nach außen ermöglichen und ihm Flexibilität und Wandlungsfähigkeit sichern, also Innovationen bewirken.

Auch darum ist der West-Berliner heutzutage so abgeschlafft, nur noch eine deutsche Mumie. Ein Heimatvertriebener ist er, depriviert in allem. Man müsste Mitleid mit ihm haben, doch gerade das lässt ihn nur noch de-

Das Brandenburger Tor am 10. November 1989: Die Mauer ist gefallen

pressiver werden. Zuletzt steht er nur noch pausenlos am eigenen Grab, beklagt sein Schicksal und ist nun ein neuer Idealtypus im Weber'schen Sinne: der Jammer-Wesbi. Und bald wird er sich, so wie der eingefleischte Ossi seine Honecker-Bilder hisst, unter einem ins Überdimensionale vergrößerten Foto von Ernst Reuter am Ernst-Reuter-Platz versammeln. Jetzt graben nicht andere die Fluchttunnel, um in sein Paradies zu gelangen, jetzt gräbt er sich den Tunnel zur Flucht, zur Flucht ins Irrationale, zur Flucht in die Vergangenheit.

Der Verlust an Bedeutsamkeit alles West-Berlinischen

Auf altem West-Berliner Boden steht das neue Bundeskanzleramt, sitzen die Abgeordneten im Paul-Löbe-Haus, tagt der Bundestag im Reichstagsgebäude – und im Bewusstsein des West-Berliners kümmert in deren Schatten alles Berlinische dahin, und das West-Berlinische noch einmal ganz speziell. Dem West-Berliner ist die Show gestohlen, die Bonner lassen Stadt und Bundesland Berlin zu einer der vielen deutschen Provinzen schrumpfen und machen den West-Berliner zur musealen Figur, zum Kiezfossil, auf Augenhöhe mit dem Marzahner Plattenbaubewohner aus dem gewesenen Ost-Berlin.

Die Hauptstadtrolle und die Wiedervereinigung nehmen dem alten West-Berlin – auch geographisch – seinen Platz als Mittelpunkt und lassen es zur Randlage werden. War der Fokus zu Inselzeiten auf die Ecke Zoo/Gedächtniskirche/Kudamm gerichtet, so dreht sich heute alles um den Hackeschen Markt und die Hackeschen Höfe, den Pariser Platz und die Linden hinunter bis zur Schlossbrücke sowie die Friedrichstraße mit dem nahen Gendarmenmarkt.

War der West-Berliner vor der Wende a priori ein

Riese, so ist er jetzt ebenso automatisch ein Zwerg. Zwar ist der Regierende Bürgermeister noch immer ein West-Berliner, aber – als Chef eines Bundeslandes – eben nur ein Bürgermeister und kein Ministerpräsident. Und treffen sich die Stammesherzöge, sprich Länderchefs, dann ist er nur einer unter vielen und wird gar nicht mehr wahrgenommen. Nicht anders geht es den Berliner Kulturschaffenden. Schreibt jemand in Brechhausen an der Runze ein halbwegs lesbares Buch, sagen wir *Sonnige Schatten*, so ist er verdienter Held seiner Heimat, und die Zeitung vor Ort widmet ihm eine ganze Seite, wäre er aber West-Berliner, so bekäme er in *Berliner Zeitung, Morgenpost, Tagesspiegel, BZ* und *Kurier* im besten Falle fünf Zeilen, wahrscheinlich aber wäre denen der *Sonnige Schatten* keinerlei Erwähnung wert. Der Autor müsste auf die Gedächtniskirche klettern, sich dort mit Benzin übergießen und anzünden, dann mit seinem Roman in der Hand nach unten springen und einer Schauspielerin aus der Kult-Serie *Rein und raus* auf den Kopf fallen, um das Interesse der Medien wenigstens so weit zu wecken, dass diese zumindest einen Volontär auf ihn ansetzen.

Kurzum, hat man den West-Berliner früher mit einem Vergrößerungsglas betrachtet, so nimmt man ihn heute mit einem umgedrehten Fernrohr wahr. Alle Welt ist darauf ausgerichtet, ihn zu diminuieren.

Dieses Gefühl der Diminution ist aber auch eine Folge des Hochjubelns von Menschen, Artefakten und Ereignissen, das der West-Berliner zu Inselzeiten ebenso systematisch wie unbewusst betrieben hat, um die Völker der Welt dahin zu bringen, auf ihn zu schauen. Es galt für ihn: Bin ich in den Medien des Westens und der neutralen Länder, so bin ich gerettet. Jetzt, in der Normalität, bekommt der West-Berliner zu spüren, dass vieles in seiner Stadt nur Normal-, also Mittelmaß ist. Die Globalisierung tut ein Übriges, dass aus Größenwahn nun Minderwertigkeitskomplexe werden. Ein Tropfen schwarzer Tinte, in ein Wasserglas gegeben, sorgt dafür, dass sich alles verfärbt – derselbe Tropfen aber verliert sich in einem See, ohne dass sich dessen Farbe irgendwie verändern würde.

Aber noch etwas anderes ist es, was ihm das Gefühl gibt, der große Verlierer zu sein. Da hat er nun mehr als drei Jahrzehnte heldenhaft und unter vielen Entbehrungen darum gekämpft, seine Festung gegen die Kommunisten zu halten – und nun spazieren sie nicht nur in Massen durch die Straßen West-Berlins, sondern haben auch viele Institutionen und Organisationen unterwandert und sind in führenden Positionen zu finden. Im Rathaus Kreuzberg regiert eine Bürgermeisterin der PDS, und in der Landesregierung sitzen Senatoren der SED-Nachfolgepartei.

Ein besonders fieser Trick der einstigen Belagerer ist es, altehrwürdige West-Berliner Institutionen wie das Universitätsklinikum in Steglitz, den SFB oder die Amerika-Gedenkbibliothek mit Häusern aus dem alten Ost-Berlin zusammenzulegen und ihnen sogar neue Namen zu geben – wie beim rbb – oder ihnen die aus dem Osten überzustülpen – wie bei der Charité. Auch die Deutsche Bundesbahn wird vom West-Berliner verdächtigt, die finsteren Geschäfte der alten Ost-Seilschaften zu besorgen, indem sie mit ihrem neuen zentralen Bahnhof, dem Hauptbahnhof, der zwar nicht politisch und stadtgeographisch, wohl aber gefühlsmäßig im alten Ost-Berlin liegt, dem Bahnhof Zoologischer Garten den Todesstoß versetzt – und das, wo dieser eine seiner heiligen Stätten war.

Auch der Teil der DDR, der sich jetzt Bundesland Brandenburg nennt, lässt nichts unversucht, die Festung West-Berlin zu schleifen und dem West-Berliner zu zeigen, wer letztendlich Sieger ist und lachen kann. Zu Zehntausenden lockt er junge West-Berliner an, im Umland zu siedeln. Sie bilden dort den Speckgürtel, während ihre alte Heimat West-Berlin mehr und mehr zum Armenhaus wird. Wehe den Besiegten! Nun wird der West-Berliner auf kleiner Flamme gar gekocht – Willy Brandts Alptraum ist doch noch wahr geworden. Bald wird auch die Länderfusion mit Brandenburg kommen, und dann wird der West-Berliner von Potsdam aus regiert werden. Da hätte er auch gleich 1948 kapitulieren können.

Ein erheblicher Verlust an Bedeutsamkeit alles West-Berlinischen ergibt sich allein schon dadurch, dass es bestimmte Einrichtungen und Institutionen nun im vereinigten Groß-Berlin doppelt bis dreifach gibt. Der West-Berliner Zoo verliert durch den Ost-Berliner Tierpark an Wert, die Deutsche Oper in der Charlottenburger Bismarckstraße durch die beiden Ost-Berliner Opernhäuser, die Staatsoper Unter den Linden und die Komische Oper, der Flughafen Tegel durch den Flughafen Schönefeld, Tennis Borussia durch den 1. FC Union Oberschöneweide – und und und. Der West-Berliner ist einem

Einzelkind vergleichbar, dem – im Altberliner Sound – Puderzucker in den Arsch geblasen wurde, nun aber hat er nicht nur einen Zwillingsbruder bekommen, sondern auch die Familie als Ganzes ist wichtiger geworden als er.

Also nicht allein der Ost-Berliner setzt dem West-Berliner zu und entmachtet ihn, sondern auch der neue Ganz-Berliner. Er ist – ebenso wie der West-Berliner – ein Idealtypus, gekennzeichnet durch Statements wie: »Ich kenne kein West-Berlin und kein Ost-Berlin mehr, für mich gibt es nur noch ein Berlin.« – »Ich ziehe als alter West-Berliner gern nach Prenzlauer Berg oder Adlershof, weil es sich da besser leben lässt.« – »Was mal gewesen ist, spielt doch keine Rolle mehr, jetzt sitzen wir alle im selben Boot.«

Die seit jeher bekennenden West-Berlin-Hasser – wie Henryk M. Broder beispielsweise – nutzen natürlich diese Chance, dem West-Berliner noch dadurch »eins mitzugeben«, dass sie das neue Danach-Berlin enthusiastisch bejubeln: »Es ist die einzige deutsche Stadt, in der ich es länger aushalte, ich find sie großzügig, sie explodiert vor Leben, es tut sich was, sie ist völlig unfertig, was ich schön finde, jedes Mal muss man sich an neue Umleitungen, neue Straßenzüge gewöhnen, sie ist wirklich im Werden begriffen. Es kommen immer mehr Leute dahin, die Stadt wälzt sich um, sie ist vollkommen unregierbar, der jetzige Senat ist völlig indiskutabel, eine Bande von Gaunern, Aufschneidern, Hochstaplern und *no names.* Aber das ist ja, finde ich, inzwischen das Sympathische an dieser Stadt, dass sie unregierbar ist.«

Den Ganz-Berliner, zumeist in den 80er Jahren geboren, nerven die alten Geschichten von der Spaltung, der Blockade und der Mauer, er glaubt an die Zukunft der Stadt und hält die Alten, egal ob Jammer-Ossis oder Jammer-Wesbis, für Dinosaurier. »Die Dinosaurier werden immer trauriger.« Ist er anderswo als in Ost- oder West-Berlin oder im Berliner Umland geboren, so hat er für das Gewesene nur ein müdes bis blasiertes Lächeln übrig, insbesondere wenn er gerade aus New York oder Christchurch zurückgekommen ist. »Gott, ist der West-Berliner kleinkariert. Man verschone mich mit dem ganzen alten Quatsch.« Was zählt der heldenhafte Freiheitskampf des West-Berliners gegen das, was gerade in .... (bitte selber einsetzen) abläuft. Und die Leute im belagerten Leningrad oder Sarajewo haben ja viel mehr durchmachen müssen.

Der Verlust an heiligen Kühen

Eine heilige Kuh ist etwas, das nicht angegriffen werden, an dem nicht gerüttelt werden darf. Schlachtet man eine heilige Kuh, ist der Teufel los, und man geht auf die Barrikaden oder verfällt in tiefe Depression, die bis hin zum Suizid gehen kann.

Was ist nun aus den heiligen Kühen des West-Berliners geworden, wie viele sind im Laufe der Zeit und insbesondere nach der Wende geschlachtet, wie viele geschändet und entwertet worden?

Die Amerika-Gedenkbibliothek (AGB), die dem West-Berliner ja einst vom US-amerikanischen Volk für seinen Durchhaltewillen geschenkt worden ist, steht zwar noch immer am Halleschen Tor, ist aber nach der Fusion mit der Ost-Berliner Stadtbibliothek ein Teil der ZLB (Zentralen Landesbibliothek) geworden, hat also ihre Eigenständigkeit verloren.

Die Avus, die 1921 als »Automobil-Verkehrs- und Übungsstraße« als Teil der Berliner Autobahn eröffnet wurde und unter Missachtung des Umwelt- und Naturschutzes den Grunewald gradlinig durchschneidet, ist dem West-Berliner schon vorher genommen worden. Sie war noch in Nachkriegszeiten eine berühmte Rennstrecke und kam in Deutschland gleich nach dem Nürburgring, doch 1967 wurde die legendäre Nordkurve, steil wie eine Wand, abgerissen, und richtige Rennen, also solche der Formel I, gibt es schon lange nicht mehr. Für kurze Zeit ist einmal daran gedacht worden, in West-Berlins Straßen einen Grand Prix, wie es ihn in Monaco gibt, auszutragen, doch dieser schöne Traum West-Berliner Rennfreunde war schnell ausgeträumt.

Der Bahnhof Zoo ist ein ganz gewöhnlicher Ort geworden, wie es ihn hundertfach gibt: eine kleine Einkaufsmeile mit zwei Fernbahnsteigen und einem S-Bahnperron im Obergeschoss. Schlimmer noch: Im Mai 2006 macht ihm Hartmut Mehdorn, der »Auftragskiller« der Deutschen Bahn AG, den Garaus, koppelt ihn vom Fernverkehr ab und gibt ihn der Provinzialität anheim.

Aus der Bewag (Berliner Kraft- und Licht-Aktiengesellschaft) ist Vattenfall geworden – watten Fall! Wenn ich nun meiner Tochter mit dem alten Spruch meines Vaters komme: »Mach bitte das Licht aus, wir sind keine Aktionäre der Bewag!«, dann wird sie mich doppelt verständnislos ansehen.

Willy Brandt ist tot, am 8. Oktober 1992 an Krebs gestorben. Nicht in Berlin, sondern in seinem Haus in Unkel. Von seinem Sterbebett aus richtet er eine Grußbotschaft an die Sozialistische Internationale, die in Berlin zu einer Tagung zusammenkommt, und darin findet sich der Satz: »... nur wenig ist von Dauer.« Der West-Berliner leidet darunter, dass alle Regierenden Bürgermeister nach Willy

Brandt nur ehrenwerte Männer sind, und auch Richard von Weizsäcker bringt es bei seinem Kurzgastspiel von 1981 bis 1984 nur zu vergleichsweise mäßigem Achtungsapplaus; ein Volkstribun ist er nicht.

Die Deutschlandhalle, 1935 in Nähe von Funkturm und Avus hingeklotzt und für 14 000 Menschen gedacht, dümpelt nur noch vor sich hin und ist immer wieder vom Abriss bedroht. Die (Sport-)Hallen, in denen »würklich wat los is«, stehen im ehemaligen Ost-Berlin: das Velodrom an der Landsberger Allee, die Max-Schmeling-Halle am Falkplatz und der Wellblechpalast der Eisbären in Hohenschönhausen. Bald kommt noch die riesige Anschütz-Halle am Ostbahnhof hinzu.

Die Doppeldeckerbusse, die »Großen Gelben«, gibt es zwar immer noch, aber die Not leidende und viel kritisierte BVG fährt ihre Zahl von Jahr zu Jahr zugunsten der Eindecker herunter. Von denen sind viele sogenannte Schlenkis, also Gelenkbusse, wie es sie früher – gebaut von Ikarus in Ungarn – nur in Ost-Berlin gegeben hat, ein jeder für sich furchtbar stinkend, also mit so hohen Immissionswerten unterwegs, wie sie heute nur allen deutschen Kraftwerken zusammen gestattet sind. Der West-Berliner hat von daher erhebliche Vorurteile gegenüber diesem Fahrzeugtyp, und lieben wird er die Gelenkbusse nie, zumal ihre harten Sitze nur indischen Fakiren Freude bereiten.

Der West-Berliner zum Beispiel, der vom Fehrbelliner Platz zum Rathaus Schöneberg fahren will, ist doppelt sauer. Einmal kommt der Bus nicht, wie er es über Jahrzehnte hinweg gewohnt war, mit der Nummer 4 daher, sondern als Linie 104. Weil es – angeblich – nach der Wende in Groß-Berlin zu viele Buslinien und ein unlogisches Nummernschema gab, ist man bei der BVG dazu übergegangen, mit Hunderternummern zu arbeiten. Den echten West-Berliner ärgert das noch heute, und er weigert sich, vom 104er oder 101er zu reden, er fährt immer noch mit dem 4er oder 1er. Und wenn der Bus dann endlich kommt, ist es kein Doppeldecker, sondern ein Schlenki. Ein drittes Störgefühl kommt hinzu, denn seit Ewigkeiten stand vorn am Zielschild »Neukölln, Teupitzer Straße« – jetzt steht da »Stralau, Tunnelstraße«. Der West-Berliner glaubt für Sekunden unter dem zu leiden, was die Psychologen als Depersonalisation und Realitätsverlust bezeichnen. »Hast du nicht mehr alle?« Doch, aber …

Das Europacenter, 1965 errichtet und Symbol für das »Auferstanden aus Ruinen«, ist zwar – erstaunlicherweise – noch nicht abgerissen worden, hat aber dadurch viel von seinem Wert eingebüßt, dass es nun an jeder Straßenecke ein Center beziehungsweise die Soundso-Arkaden gibt. Manchmal liegen diese Einkaufszentren auch nicht im Haupt- oder Unterzentrum der Stadt, sondern an der Peripherie oder gleich im Umland auf einer der vielen grünen Wiesen, aber alle nehmen sie dem Europacenter den Ah-und-Oh-Effekt früherer Jahre.

Ein Elend ist es auch mit dem Flughafen Tempelhof, 1923 auf einem riesigen Truppenübungsplatz errichtet und Wiege der deutschen Verkehrsfliegerei, denn mit dem wird es bald ein Ende haben. THF (Tango Hotel Foxtrott) war für den West-Berliner das Tor zur Welt, von hier aus konnte er sich quasi in die freie Welt beamen lassen, entweder mit der britischen Gesellschaft BEA oder der US-amerikanischen PAN AM. Stand er in der großen Halle, fühlte er sich wie in einem Kirchenschiff. Wie bei einer Andacht war es. Nun ist Tempelhof tot ... Der West-Berliner trauert. Was neben der Erinnerung bleibt, ist die monumentale Hülle des Flughafens, das nach einem Entwurf von Ernst Sagebiel zwischen 1936 und 1939 errichtete bogenförmige Gebäude von 1230 Metern Länge am nordwestlichen Ende der beiden Start- und Landebahnen. Das größte Europas ist es, aber es wirkt öd und leer, und alle Versuche, Leben hineinzubringen, zum Beispiel mit einem Musicaltheater, scheitern wohl. Das Schlimmste am Ende des Flughafens Tempelhof ist für den West-Berliner aber die Tatsache, dass nun – auch Tegel soll ja geschlossen werden – aller Flugverkehr über Schönefeld abgewickelt werden wird, also ausgerechnet über den ungeliebten »Regierungsflughafen der DDR«, auf dem er bei der Abfertigung auf zwei dem Fuße angepasste Platten zu treten hatte, um von einem unsichtbar angebrachten Gerät im wahrsten Sinne des Wortes durchleuchtet zu werden, Strahlenschäden hin, Strahlenschäden her. Wehe den Siegern!, denkt er.

Und was ist aus des West-Berliners Freiheitsglocke geworden, *dem* Symbol seines Kampfes gegen die planetare Bedrohung des Kommunismus? Eine von allen unbeachtete Bimmel in einem hässlichen Turm!

Auch die Freie Universität, die FU, *das* geistige Bollwerk gegen die Barbaren im Osten und den DIAMAT, den dialektischen Materialismus, muss immer mehr Institute schließen, weil zu Zeiten knapper Mittel die Studiengänge konzentriert werden müssen. Und wo? Natürlich an der Humboldt-Universität. Und wo liegt die HU? Die HU liegt im Herzen des alten Ost-Berlin.

Der Funkturm nun, ein Stahlgitterturm von 138 Metern Höhe mit einem Restaurant zwischen erstem und zweitem Drittel, von 1924 bis 1926 nach Plänen von Heinrich Straumer erbaut, steht immer noch, er steht aber sozusagen im Schatten des Ost-Berliner Fernsehturms, der mit seinen 365 Metern nicht nur wesentlich höher ist, sondern auch die viel höhere Anziehungskraft für Berlin-Touristen hat. Dabei hat sich von ihm noch keiner in die Tiefe gestürzt, was beim Funkturm früher immer mal wieder passiert ist und was einen Turm auch erst richtig groß werden lässt. Die liebevolle Bezeichnung »Langer Lulatsch« ist auch aus der Mode gekommen. Und gefunkt, das heißt gesendet wird heute von ganz woanders her, vor allem wohl aus dem Weltraum. Kein Wunder, dass manche Berlin-Besucher den Funkturm für den besonders hohen Mast einer Starkstromleitung halten und fragen, wo denn die Drähte geblieben seien. Nein, so viel Hohn und Spott hat der West-Berliner nicht verdient!

Auch die Gedächtniskirche ist nicht mehr das, was sie einmal war. Der monumentale Berliner Dom, die beiden Dombauten am Gendarmenmarkt, die Hedwigskathedrale und die Gethsemanekirche, alle im alten Ost-Berlin gelegen, haben ihr die Show gestohlen. Sie rückt nur noch kurz in den Mittelpunkt, wenn wieder einmal einer der alten Heroen aus den seligen Inselzeiten vom Herrn heimgerufen wird, was aber beim West-Berliner auch keine rechte Trauerfreude auslösen kann.

Das Gripstheater kämpft zwar noch immer tapfer an der Jugend- und Kinderfront für den grün-roten Idealismus und den Gutmenschen als solchen, ist aber doch nicht mehr der Leuchtturm, als den es der West-Berliner in Erinnerung hat, denn was heute etwas wert ist, sucht und findet die Jugend eher bei Wertheim.

Die Grüne Woche, seit 1926 die große Präsentation landwirtschaftlicher Produkte in den Ausstellungshallen unter dem Funkturm, ist zwar noch immer der große Hit und kann mit immer neuen Besucherrekorden aufwarten, aber der West-Berliner ärgert sich trotzdem, denn jetzt nehmen ihm die Ost-Berliner und die Brandenburger, die in Massen kommen, den Platz zum Schlemmen. Schön ist nur noch die Erinnerung an die Stunden, in denen er sich Tränen der Rührung aus den Augen wischen konnte, wenn in den Eröffnungsreden der Tag herbeigesehnt wurde, »an dem die vielen lieben Freunde aus dem Osten wieder unter uns sein können«. Und über uns auch noch – seit Angela Merkel Bundeskanzlerin ist.

Der Grunewald bleibt zwar mit 40 Quadratkilometern größter Berliner Forst, aber die Ost-Berliner Wälder um die Müggelberge herum lassen ihn im Bewusstsein eines Ganz-Berliners doch erheblich schrumpfen.

Wie medioker er ist, wird dem West-Berliner allwöchentlich von Hertha BSC vorgeführt, *seinem* Verein.

Nie ist die »alte Dame Hertha« dort zu finden, wo er sie gern haben möchte: an der Spitze der Bundesliga und als Sieger in der Champions League.

Nicht einmal an seiner Hochbahn kann sich der West-Berliner erfreuen, seit er entdeckt hat, dass es in der Schönhauser Allee auch noch eine gibt. Und da ist es auch viel lebendiger als auf seiner alten Linie 1. Dafür darf er sich jetzt in den alten Ost-Waggons durchschütteln lassen, in den Wagen vom Typ G (= Gisela). Deren Interieur ist nicht nur derart scheußlich, dass es der West-Berliner eigentlich nur mit geschlossenen Augen ertragen kann, sie setzen sich auch ab und an von selbst in Brand. Dass sie nur zwei mal zwei statt der üblichen drei mal zwei Türen haben, multipliziert seine Ängste noch.

Das KaDeWe allerdings, das Nobelkaufhaus an Tauentzienstraße und Wittenbergplatz, erbaut 1907 nach Plänen von Johann Emil Schaudt, ist dem West-Berliner als Heilige Kuh verblieben. Es ist sein großer Trost, sein Tempel. Blöd nur, dass auch die Ost-Berliner hier ein- und ausgehen können und nicht in ihrem »Shop« verbleiben müssen. So richtig großartig ist etwas ja nur, wenn es nicht alle haben können. »(...) wie viel hat das Leben, aber für wie wenige nur«, schrieb Theodor Fontane – und der West-Berliner hat auf seiner Insel der Glückseligen einmal zu diesen wenigen gehört. Hat!

Die Kongresshalle wirkt vor den bombastischen Neubauten für Regierung und Parlament wie eine Gartenlaube.

Auch die Krumme Lanke ist nicht mehr so bedeutend wie einst, dazu gibt es zu viele liebliche Gewässer im Osten der Stadt, und die Zahl derjenigen, die sich das einst legendäre Couplet »Und dann saß ick mit der Emma uff da Banke ...« auf einer CD kaufen, hält sich auch in Grenzen.

Der Kurfürstendamm ist zwar immer noch dreieinhalb Kilometer lang, aber längst nicht mehr *der* Boulevard und einzigartig zwischen Moskau und Paris, denn die Völker der Welt flanieren lieber in der Oranienburger Straße und durch die Hackeschen Höfe, Unter den Linden, über den Gendarmenmarkt und in der Friedrichstraße. Anfang 2007 will eine Immobilientochter der Deutschen Bank auch noch die »Komödie« und das »Theater am Kurfürstendamm« von der Bildfläche verschwinden lassen. »DB fort – das ist kultureller Mord!«, skandieren da die West-Berliner.

Das Luftbrückendenkmal am Platz der Luftbrücke ist marginal geworden und wird mit der Schließung des Flughafens Tempelhof noch marginaler. Stürzte es über Nacht ein, würde man den Schaden erst beim nächsten Luftbrückengedenktag bemerken.

Das einstige Museum für Verkehr und Technik, heute Deutsches Technikmuseum, auf dem Gelände des ehemaligen Anhalter Güterbahnhofs am Hochbahnknoten Gleisdreieck expandiert zwar prächtig, doch die vielen Ost-Berliner Museen, insbesondere die auf der Museumsinsel, relativieren seine Bedeutung.

Der Hochbahnhof Nollendorfplatz ist kein origineller Flohmarkt mehr, sondern höchstens ein Markt für Flöhe und Läuse, die man sich noch nicht eingefangen hat.

Das Olympiastadion, von 1934 bis 1936 nach Plänen

von Werner March auf dem Gelände einer alten Arena für die XI. Olympischen Spiele 1936 erbaut, ist zwar nicht abgerissen, sondern renoviert worden, doch es ist nicht mehr die Kampfbahn, die dem West-Berliner so ans Herz gewachsen ist. Ein umlaufendes Dach hat es jetzt und – wie pervers – eine blaue Laufbahn. Wie sollen da die richtigen Erinnerungen an die guten alten Zeiten aufkommen?

Die Deutsche Oper Berlin in der Bismarckstraße ist zur Nummer zwei herabgesunken, seit Barenboim in der Staatsoper Unter den Linden dirigiert und mit der Komischen Oper in der Behrenstraße ein zweiter Ost-Schuppen die Leute anlockt.

Fast vergessen ist die Pfaueninsel, in der Havel gelegen und von den Preußenkönigen zur Stätte der Lust und des -wandelns gemacht. Aber der Ganz-Berliner fährt ja heute lieber in die Mark Brandenburg und vergisst das Gute, das in West-Berlin so nahe liegt.

Die Philharmonie, von 1960 bis 1963 nach Plänen von Hans Scharoun am Rande des Tiergartens erbaut, Kultstätte des Musizierens auf höchstem Niveau mit Stardirigenten wie Herbert von Karajan, Claudio Abbado und Simon Rattle, steht zwar immer noch auf dem Territorium des alten West-Berlin, wird aber jetzt Ganz-Berlin zugerechnet. Den West-Berliner ärgert es, dass da alles in einen – den großen – Topf geworfen wird.

Der Potsdamer Platz war vor dem Mauerfall das weltweit anerkannte Symbol für Tristesse und Melancholie, für die Vergänglichkeit alles Seienden, und seit Wim Wenders Film *Der Himmel über Berlin* war er ein himmlischer Solitär, vom West-Berliner heiß geliebt; heute ist er eine billige Manhattan-Parodie.

Das Rathaus Schöneberg, einst Sitz der West-Berliner Regierung und des Landesparlaments, ist nur noch ein stinknormales Bezirksrathaus.

Der Reichstag ist dem West-Berliner von der Bonner Besatzungsmacht genommen worden und kann nicht mehr für staatstragende historische Ausstellungen genutzt werden. Am meisten aber schmerzt es den West-Berliner, dass er hier nicht mehr stehen und von der deutschen Wiedervereinigung träumen kann. Die Realität hat ihm seinen größten Traum genommen.

Ernst Reuter ist noch vergessener als Willy Brandt – sein Name löst kein hehres Gefühl mehr aus. Die Völker der Welt schauen heute nach Bagdad und nicht mehr nach West-Berlin. Und der Brunnen auf dem Ernst-Reuter-Platz springt auch nur noch manchmal, da Ganz-Berlin keine finanziellen Mittel hat, seine Brunnen immer sprudeln zu lassen.

Der RIAS, der Rundfunk im amerikanischen Sektor, »(...) eine freie Stimme der freien Welt«, ist nach der Wende völlig verschwunden. Dem West-Berliner fehlt er jeden Tag, und mit subtilem Schmerz fährt er am alten Sendegebäude vorüber, auf dessen Dach aus denkmalschützerischen Gründen noch immer blau das RIAS-Kürzel leuchtet.

Die Schaubühne, untergebracht im alten Erich-Mendelsohn-Bau am Lehniner Platz, von Peter Stein einst groß gemacht und *die* deutschsprachige Bühne, ist auch nur noch Zweite Bundesliga. Aber der West-Berliner geht ja auch kaum mehr ins Theater, seitdem er das nicht mehr muss, um der Welt seine Lebenskraft zu zeigen, und wenn, dann pilgert er nach Ost-Berlin, zum Rosa-Luxemburg-Platz (Volksbühne), zum Schiffbauerdamm (Berliner Ensemble) oder in die Schumannstraße (Deutsches Theater).

Das Schillertheater hat man ihm ja auch genommen. Eigentlich ist es geschlossen, wird aber ab und an noch mit Musicals und Stücken bespielt. Die aber reißen keinen West-Berliner vom Hocker. Und überhaupt: Die Ost-Berliner Theater sind das Maß der Dinge im neuen Ganz-Berlin.

Wie schon der RIAS, so ist auch der SFB, der zweite Kultsender des West-Berliners, den Bach runtergegangen, das heißt aufgegangen im rbb, dem Rundfunk Berlin-Brandenburg. Den West-Berliner treffen solche Entwicklungen, als würde man ihm das Namensschild an seiner Tür abmontieren und auf der Müllkippe entsorgen – dabei ist es, da nimmt er seine Marianne Rosenberg sehr ernst, ein Teil von ihm.

Die Siegessäule steht zwar noch, dies aber – ähnlich dem Funkturm – im Schatten des Ost-Berliner Fernsehturmes. Für den West-Berliner ist das nicht einfach »der Fernsehturm«, stets fügt er das »Ost-Berliner« hinzu, um sich irgendwie von diesem Bauwerk zu distanzieren. Es ist nicht *sein* Fernsehturm, sondern eben St. Ulbricht, und recht eigentlich verübelt er seinen Brüdern und Schwestern weiterhin, dass sie das Ding überhaupt gebaut haben. Höher als alles, was West-Berlin zu bieten hatte. Welch

Einst ein Wahrzeichen von West-Berlin: Siegessäule mit »Gold-Else«, 1987

ungeheure Anmaßung! Es ärgert ihn auch, dass der Turm im Jahre 2006 noch steht, straft dieser Tatbestand doch allen Behauptungen von der miesen Qualität Ost-Berliner Baumaterialien und sozialistischer Baumeisterkunst tagtäglich Lügen. Aus Daffke wie aus der Angst heraus, der Ost-Berliner Fernsehturm könnte gerade in dieser Sekunde umkippen, vermeidet es der West-Berliner, sich zur Aussichts- und Speiseplattform hinauffahren zu lassen.

Der Teufelsberg spielt im Bewusstsein des Ganz-Berlins auch keine große Rolle, und den West-Berliner wurmt das natürlich. Gott, dabei war die Radarstation der Amerikaner auf dem Teufelsberg einmal so was von wichtig! Sie war das am weitesten in den Osten vorgeschobene Ohr des Westens, und von ihr hing die erfolgreiche Verteidigung Westeuropas ab. Heute, da es keinen Ostblock mehr gibt und Satelliten am Himmel kreisen, stehen Turm und Anlage leer und harren einer sinnvollen Nutzung. Als Naherholungsgebiet sind andere Trümmerberge – so der Mont Klamott im Friedrichshain – von größerer Bedeutung, und auch die Drachenflieger haben in der Ex-DDR mehr Spaß an ihrem Sport als auf dem Teufelsberg.

Selbst der Tiergarten hat nicht mehr die zentrale Bedeutung früherer Tage, als ihn die West-Berliner als ihren Central Park bejubelten – erliegen doch selbst sie zuweilen den Verlockungen östlicher Grünflächen.

Seine U-Bahn ist dem West-Berliner zwar geblieben, aber die S-Bahn ist das wichtigere Verkehrsmittel geworden, und benutzt er die, muss er doch tatsächlich in Waggons Platz nehmen, die zu DDR-Zeiten in Hennigsdorf gebaut wurden. Fährt er mit der Nord-Süd-S-Bahn oder mit den U-Bahn-Linien 6 und 8, vermisst er die Geisterbahnhöfe. Sie waren doch so schaurig schön und sind durch nichts zu ersetzen. Und steigt man heute Stadtmitte oder Französische Straße aus dem Zug, ist das auch kein anderes Gefühl als an den Stationen Onkel-Toms-Hütte oder Alt-Mariendorf. Kein Thrill, nichts mehr von Abscheu und Empörung.

Auch die Waldbühne hat für den West-Berliner einen beträchtlichen Bedeutungsverlust erleiden müssen. Mag die Band noch so gut, mag der Film noch so spannend sein, alles ist fad gegenüber dem, was einmal war, als man die Streichhölzer und Feuerzeuge aufflammen ließ, um inniglich seiner unterdrückten Landsleute zu gedenken.

Ach, der Wannsee … Nicht nur die Grundstückspreise sind in West-Berlin seit der Wende durchweg um ein Erhebliches gesunken, auch die Aktien seiner Seen sind es, entwertet durch die Erreichbarkeit der reizvollen Ost-Berliner Gewässer, dazu zählen neben dem Müggel- auch der Seddin-, der Lange, der Dämeritz-, der Zeuthener, der Weiße und der Orankesee. Von dem ganz zu schweigen, was da zwischen Müritz und Spreewald und zwischen Frankfurt/Oder und Rathenow alles zu entdecken ist.

Dasselbe gilt für Juliusturm und Zitadelle. Zu West-Berliner Zeiten waren sie unschätzbar in ihrer Einmaligkeit, heute gähnt der Ganz-Berliner bei ihrem Anblick nur, denn vor seiner Haustür sind Burgen und Schlösser in Hülle und Fülle zu entdecken, so Eisenhardt bei Belzig, Rabenstein im Fläming, Drebkau in der Niederlausitz,

Fürstlich Drehna, Groß Leuthen, Beeskow, Freyenstein und die Plattenburg in der Prignitz.

Schließlich, wir sind ja alphabetisch vorgegangen, die heilige Kuh mit Z, der Zoo. Er hat mit dem Tierpark ein Pendant und Konkurrenten erhalten, der ihm zwar kaum Besucher aus den West-Bezirken wegnimmt, aber doch verhindert, dass die Ost-Berliner in Scharen angelaufen kommen.

Was bleibt uns, als festzuhalten, dass dem West-Berliner wirklich viele Heilige Kühe geschlachtet oder aber irgendwie entweiht worden sind, also nicht mehr als Kultstätten gelten können. Verarmt fühlt sich der West-Berliner, um seine Ehre und sein Erbe gebracht.

Der Verlust an Lebensqualität

Als größte Gemeinheit der Weltgeschichte empfindet es der West-Berliner, dass man ihm die Möglichkeit genommen hat, Pakete an seine Brüder und Schwestern drüben im Osten zu schicken und sie hin und wieder zu besuchen. Wenn er sich zu alten Inselzeiten viel wohler fühlte als heute, dann hängt das mit seiner damaligen Überzeugung zusammen, dem Ost-Berliner und generell den Menschen in der DDR in allem überlegen zu sein, die größeren Freiheiten, den höheren Wohlstand und die besseren Zukunftschancen zu haben. Heute ist er auf den Status eines ehemaligen Zonenbewohners herabgesunken, denn Ganz-Berlin ist ein bettelarmes Bundesland – und es wird allgemein zu den neuen Bundesländern gezählt. Es kommt dem West-Berliner vor, als sei er im Nachhinein doch noch von der DDR vereinnahmt worden.

Mehr noch: Er hat das Gefühl, dass es den Menschen in den Ost-Bezirken langsam besser geht als ihm. Sieht man sich den Armutsatlas von Ganz-Berlin an, dann stehen Kreuzberg, Neukölln, Schöneberg, Tiergarten und Wedding an der Spitze – alles ehemalige West-Bezirke. »Klar, jetzt wird ja allet Jeld in den Osten jesteckt.« Ulbrichts damals viel bespöttelte Parole »überholen ohne einzuholen« scheint nun doch noch Wirklichkeit geworden zu sein.

Geht der West-Berliner durch die kleineren Straßen seiner ehemaligen (Halb-)Stadt, überfällt ihn an vielen Stellen das kalte Grausen. Ein Geschäft nach dem anderen hat Pleite gemacht, die Läden stehen leer. Die Schaufensterscheiben sind mit Pack- oder Zeitungspapier zugeklebt, grelle rote Aufkleber mit der Botschaft »Zu vermieten« bilden den einzigen Schmuck, und die Sockel darunter und die Wände daneben sind eklig verschmiert. Und die Menschen sehen so aus, als wäre das ganze alte West-Berlin eine Außenstelle der KBoN, der Karl-Bonhoeffer-Nervenklinik. Diagnose: kollektive Depression. Und wenn der West-Berliner bei all diesem und seinem Elend einmal nicht nur schleichen, sondern dynamisch ausschreiten will, tritt er garantiert in einen Hundehaufen. Die Kotsäulen der Köter häufen sich auf den Sandflächen, die man den Bäumen im Straßenpflaster gelassen hat, sind aber auch auf den Gehwegen so schön verteilt, dass man nicht umhin kann hineinzutreten. Hat der West-Berliner einst im »Schaufenster zum Osten« Glanz und Glamour genossen, sieht er seinen Teil der Stadt nun geradezu als Slum.

Schlimm sieht es auch mit seinen Straßen aus. Jetzt rächt es sich, dass er den Trabi als Schlaglochsuchgerät verspottet hat, denn nun sind seine Straßen eine einzige Ansammlung von Rissen, Unebenheiten, Spurrinnen, Löchern und geflickten Stellen, und der West-Berliner fühlt sich in ein Land der Dritten Welt versetzt. Auf dem Columbiadamm, einst eine Vorzeigestraße, darf stellenweise nur mit 30 Stundenkilometern gefahren werden, weil die Fahrbahnschäden so beträchtlich sind. Und will der West-Berliner sein Auto schonen und lieber den Bus nehmen, dann steht er an einer gerade stillgelegten Haltestelle, denn die BVG lässt auf vielen Nebenstrecken keinen mehr fahren. Der West-Berliner tut dieses umso mehr, denn: »Der Vater pupt, die Kinder lachen, so kann man auch bei großer Armut allen eine Freude machen.« Was bleibt dem West-Berliner anderes übrig!

Joachim Nawrocki, seit seiner *ZEIT*-Zeit kompetenter Berlin-Kenner, sieht es nicht anders: »Alles, was früher West-Berlin ausgemacht hat, das Abgeordnetenhaus im Rathaus Schöneberg, das Sechstage-Rennen, alles findet heute im Osten statt, die Deutschlandhalle gibt's nicht mehr, der AFN ist weg, Kneipen wie Hardtke, Alexander, Kranzler, Möhring – das existiert alles nicht mehr, da finde ich doch, dass das ein ganz schöner Exodus ist und so eine Schieflage entstanden ist, es geht alles nach Ost-Berlin. Alles, was interessant ist, geht nach Ost-Berlin, selbst die Senatsverwaltungen. Das einzige, was von West-Berlin noch erhalten ist, ist die politische Klasse. Ich empfinde es als Verlust, dass das alte West-Berlin nicht mehr existiert. Wie viele Kinos eingegangen sind: Filmbühne Wien, Marmorhaus, die Lupe, dann Schiller-Theater, Freie Volksbühne und und und – was ist denn noch geblieben?« (In: Leitner 2002, S. 380.)

Der Verlust jeder Zukunft

Der West-Berliner weiß, dass er zu einer aussterbenden Spezies gehört. Rein biologisch mag es noch bis ins Jahr 2090 Menschen geben, die im alten West-Berlin zur Welt gekommen sind, aber schon im zweiten Jahrzehnt des neuen Jahrtausend wird es nur noch wenige geben, die mit Stolz verkünden: »Ich bin ein West-Berliner!« Damit gilt man schon heute als anachronistisch, denn es ist angesagt, Ganz-Berliner zu sein. Traurig muss der West-Berliner mit ansehen, wie immer mehr seiner Heroen von der Bühne des Lebens abtreten müssen, wie das, was ihm lieb und wert ist, allmählich verschwindet oder einen ganz anderen Charakter bekommt, wie Stadtteile im ehemaligen Ost-Berlin angesagt sind und wie die Bonner und die Ganz-Berliner die Szene(n) dominieren.

Fassen wir es in der Terminologie Bernd Sprengers, eines in Berlin ansässigen Fachmannes für psychosomatische Medizin und Psychotherapie, zusammen: »Permanente Entwertung führt immer zu einem Schaden seelischer oder psychosomatischer Art.« Der West-Berliner ist das Opfer einer umfassenden Entwertung und Entwürdigung, er leidet unter einer narzisstischen Persönlichkeitsstörung. Auf einer »Teufelsschaukel« ist der West-Berliner vom Pol der Grandiosität zum anderen Pol katapultiert worden: dem Gefühl der Minderwertigkeit. So fühlt er sich, wenn man ihm sagt, er sei ein Mensch wie jeder andere deutsche Großstädter und als Ganz-Berliner weit zurück hinter den Bewohnern, sagen wir, von New York, Paris, London oder Rom. Und dabei ist sein Bedürfnis, ein Star zu sein, noch immer unendlich groß ...

Der Rest ist Schweigen beziehungsweise sind leere Seiten, was die Zukunft des West-Berliners betrifft.

Ein Schlusswort

Bei trauernden Witwen findet man das Foto ihres Mannes, oben am Rahmen mit einem schwarzen Trauerflor versehen, und zuweilen eine Immanuel Kant zugeschriebene Sentenz, herrliche Zeiten betreffend: »Nicht weinen, dass sie vorüber, sondern lachen, dass sie gewesen.« So abgegriffen, wie das ist, kann es doch als therapeutisch wertvoll gelten. Was bleibt dem West-Berliner auch anderes übrig, will er sich nicht vor die U-Bahn werfen? Wir wollen ihm mit diesem Buch ein wenig helfen und Mut machen, es auch einmal mit einer nostalgischen WB-Welle zu versuchen. Kopf hoch, Wesbi!

Literatur

Anders reisen: Berlin. Ein Reisebuch in den Alltag, zitty (Hrsg.), Reinbek 1980

Berliner Zeitung, 20. September 2004

Berliner Zeitung, 8. Februar 2005

Bosetzky, Horst, Brennholz für Kartoffelschalen, Berlin 1995

Bosetzky, Horst, Capri und Kartoffelpuffer, Berlin 1997

Bosetzky, Horst, Champagner und Kartoffelchips, Berlin 1998

Bosetzky, Horst, Quetschkartoffeln und Karriere, Berlin 2000

Bosetzky, Horst, Küsse am Kartoffelfeuer, Berlin 2004

Bosetzky, Horst, und Eik, Jan, Das Berlin-Lexikon, Berlin 1998

Chronik der Metropolen: Berlin, Gütersloh/München 2003

Der große Baedeker: Berlin, Ostfildern-Kemnat/München 1992

Die besten Witze aus der DDR, Wien 2003

Die Chronik Berlins, Dortmund 1986

Ebert, Horst-Dieter, Berlins Top Ten, Hamburg 1987

Führe, Dorothea, Er kam nicht als Rächer. Jean Ganeval – Kommandant der französischen Militärregierung in Berlin (1894–1981), in: Edition Luisenstadt, Berlinische Monatsschrift, Heft 12/2000

Leitner, Olaf, West-Berlin! Westberlin! Berlin (West)!, Berlin 2002

Lütkehaus, Ludger, Nietzsche zum Vergnügen, Stuttgart 2000

Mailänder, Ulf, und Zander, Ulrich, Das kleine Westberlin-Lexikon, Berlin 2003

Merseburger, Peter, Willy Brandt, Stuttgart/München 2002

Riess, Curt, Berlin Berlin – 1945–1953, Berlin 2002 (erstmals erschienen 1953)

Schilling, Kerstin, Insel der Glücklichen. Generation West-Berlin, Berlin 2004

Schlechte, Helga und Klaus-Dieter, Witze bis zur Wende, München 1991

Sommer, Stefan, Das große Lexikon des DDR-Alltags, Berlin 2002

Springer, Bernd, Im Kern getroffen. Attacken aufs Selbstwertgefühl und wie wir unsere Balance wiederfinden, München 2005

Thomsen, Winfried, Radikalauer, Frankfurt am Main 1981